Qu'apprend-on à l'école élémentaire ?

ISBN : 978-2-37448-264-4

© Réseau Canopé / XO Éditions, 2020

Préface

Après l'école maternelle, l'enfant entre à l'école élémentaire. Au cours de son parcours, du CP au CM2, il va bénéficier d'enseignements variés qui vont contribuer à consolider, année après année, sa maîtrise des savoirs fondamentaux et à renforcer son ouverture sur le monde. Ainsi, l'acquisition progressive de connaissances et de compétences en français, mathématiques, histoire-géographie et enseignement moral et civique, sciences, arts, éducation physique et sportive ou encore langue vivante contribue à la transmission d'une culture commune, à l'épanouissement de chaque enfant et à la préparation de son entrée au collège.

Dans ce cheminement, les premières années de l'école élémentaire – CP et CE1 – sont décisives, car elles sont le moment où les élèves apprennent, sous la conduite de leurs professeurs, à lire, écrire, compter et respecter autrui. La bonne acquisition de ces savoirs fondamentaux est décisive car elle est la condition de tous les apprentissages, la clé de toutes les réussites futures. Pour cela, les professeurs apportent aux élèves l'aide et le soutien dont ils ont besoin pour réussir et préviennent ainsi les difficultés scolaires. Leur engagement en faveur de la réussite des élèves et l'attention qu'ils portent aux besoins spécifiques de chacun d'entre eux doivent être salués.

Cette action pédagogique volontariste est amplifiée, depuis trois ans, grâce à la division par deux de la taille des classes de CP et de CE1 dans l'éducation prioritaire, c'est-à-dire là où se concentre précocement la difficulté scolaire. C'est une mesure pour la justice sociale et l'élévation générale du niveau scolaire de nos élèves. Aujourd'hui, elle bénéficie à 320 000 écoliers, soit 20 % des élèves de CP et de CE1 et doit contribuer à réduire drastiquement les inégalités scolaires.

Avec les directeurs et les professeurs, les parents ont un rôle à jouer pour accompagner la réussite de leur enfant à l'école élémentaire. Cet ouvrage les aidera dans cette mission. En effet, il propose tout d'abord un guide pratique, qui apporte des réponses concrètes aux questions que peuvent se poser celles et ceux dont les enfants entrent à l'école élémentaire. Ensuite, l'ouvrage présente des extraits des programmes de l'école élémentaire pour les différentes disciplines enseignées, ainsi que des extraits des attendus de fin d'année, qui explicitent ce que les enfants doivent savoir, en français et en mathématiques, au terme de chaque année scolaire. Le livre se termine avec des extraits des évaluations que les élèves de CP et de CE1 passent chaque année au mois de septembre. Réalisées avec le Conseil scientifique de l'Éducation nationale, elles permettent aux professeurs d'identifier simplement et rapidement les besoins des élèves et adapter ainsi leur enseignement à chacun.

L'école élémentaire, en transmettant des savoirs rigoureux, donne à l'élève l'essentiel, le bonheur d'apprendre et la confiance en l'avenir. ■

Jean-Michel Blanquer

Sommaire

PRÉFACE 3

▌PREMIÈRE PARTIE ▌
GUIDE PRATIQUE 7

▌DEUXIÈME PARTIE ▌
LES PROGRAMMES ET LES ATTENDUS DE FIN D'ANNÉE
EN FRANÇAIS ET EN MATHÉMATIQUES À L'ÉCOLE ÉLÉMENTAIRE 27

▌TROISIÈME PARTIE ▌
LES AUTRES ENSEIGNEMENTS À L'ÉCOLE ÉLÉMENTAIRE 185

▌FOCUS ▌
ÉVALUATION 223

GLOSSAIRE 249

TABLE 251

Première partie | Guide pratique

1. LES TEMPS DE L'ÉCOLE ÉLÉMENTAIRE 9
2. LES LIEUX DE L'ÉCOLE ÉLÉMENTAIRE 13
3. LES ACTEURS DE L'ÉCOLE ÉLÉMENTAIRE 14
4. LE RÔLE DES PARENTS À L'ÉCOLE ÉLÉMENTAIRE 16
5. LA SCOLARISATION DES ÉLÈVES EN SITUATION DE HANDICAP À L'ÉCOLE ÉLÉMENTAIRE 18
6. LA SANTÉ ET LA SÉCURITÉ DES ÉLÈVES À L'ÉCOLE ÉLÉMENTAIRE 20
7. LES AIDES À L'ÉCOLE ÉLÉMENTAIRE 22
8. L'ÉVALUATION À L'ÉCOLE ÉLÉMENTAIRE 24
9. L'ENTRÉE EN 6e 25

1. LES TEMPS DE L'ÉCOLE ÉLÉMENTAIRE

La scolarité à l'école élémentaire[1] vise l'acquisition par tous les élèves des savoirs fondamentaux : lire, écrire, compter, respecter autrui.

En France, l'instruction est **obligatoire** pour les enfants des deux sexes, français et étrangers, de 3 à 16 ans.

Précédemment fixé à 6 ans, le début de l'instruction obligatoire a été abaissé à 3 ans par la loi pour l'École de la confiance adoptée en juillet 2019.

Les enfants entrent au cours préparatoire (CP) dans l'année de leurs 6 ans.

Les élèves quittent généralement l'école élémentaire dans l'année de leurs 11 ans pour entrer au collège.

Les élèves étudient successivement :

- à l'école **maternelle** ;
- à l'école **élémentaire** ;
- au **collège** ;
- puis, dans leur très grande majorité au **lycée**.

---

1 L'école élémentaire peut être publique ou privée. Les écoles privées sous contrat d'association suivent les mêmes programmes que l'école publique tout en mettant en œuvre la singularité de leur projet. Certains dispositifs présentés dans ce guide pratique peuvent se présenter de manière différente selon le statut de l'école.

A. Cinq années organisées en deux cycles

La scolarité à l'école élémentaire dure 5 ans et comporte :
- le cours préparatoire (CP),
- le cours élémentaire 1re année (CE1),
- le cours élémentaire 2e année (CE2),
- le cours moyen 1re année (CM1)
- et le cours moyen 2e année (CM2).

Les classes de **CP, CE1 et CE2** forment le **cycle 2** de la scolarité obligatoire.

Les classes de **CM1, CM2 et 6e** forment le **cycle 3** de la scolarité obligatoire.

Une partie des élèves en situation de handicap peuvent être scolarisés au sein des unités localisées pour l'inclusion scolaire (**ULIS**) (voir La scolarisation des élèves en situation de handicap) ; les élèves allophones nouvellement arrivés au sein des unités pédagogiques pour élèves allophones arrivants (**UPE2A**). Ces deux dispositifs permettent l'inclusion des élèves dans les classes ordinaires citées ci-dessus.

Dans les territoires qui concentrent le plus de difficultés, les écoles de l'éducation prioritaire mettent en œuvre des dispositions spécifiques, en particulier la division par deux de la taille des classes de CP et de CE1.

B. Périodes de cours | Vacances scolaires

L'année scolaire se déroule de septembre à juillet. **L'année scolaire 2020-2021 débute** le 1er septembre 2020 **et s'achève** le 6 juillet 2021.

Les périodes de cours sont entrecoupées de vacances scolaires.

Les dates des **vacances scolaires de la Toussaint et de Noël** sont les mêmes pour l'ensemble du territoire.

Les dates des **vacances d'hiver et de printemps** diffèrent selon les zones géographiques.

À l'école élémentaire, la semaine scolaire comprend **24 heures** d'enseignement (864 heures à l'année).

Elle est organisée sur **4 ou 4,5 jours**, selon la commune.

C. Le temps d'enseignement d'un cycle à l'autre

En CP, CE1 et CE2, le temps d'enseignement s'organise ainsi :

	HORAIRES	
	Durée annuelle	Durée hebdomadaire moyenne
Français	360 heures	10 heures
Mathématiques	180 heures	5 heures
Langues vivantes (étrangères ou régionales)	54 heures	1 heure 30
Éducation physique et sportive	108 heures	3 heures
Enseignements artistiques	72 heures	2 heures
Questionner le monde Enseignement moral et civique (**)	90 heures	2 heures 30
Total	864 heures	24 heures (*)

(*) 10 heures hebdomadaires sont consacrées à des activités quotidiennes d'oral, de lecture et d'écriture qui prennent appui sur l'ensemble des champs disciplinaires.
(**) Enseignement moral et civique : 36 heures annuelles, soit 1 heure hebdomadaire dont 0 h 30 est consacrée à des situations pratiques favorisant l'expression orale.

En CM1 et CM2, le temps d'enseignement s'organise ainsi :

	HORAIRES	
	Durée annuelle	Durée hebdomadaire moyenne
Français	288 heures	8 heures
Mathématiques	180 heures	5 heures
Langues vivantes (étrangères ou régionales)	54 heures	1 heure 30
Éducation physique et sportive	108 heures	3 heures
Sciences et technologie	72 heures	2 heures
Enseignements artistiques	72 heures	2 heures
Histoire et géographie Enseignement moral et civique (**)	90 heures	2 heures 30
Total	864 heures	24 heures (*)

(*) 12 heures hebdomadaires sont consacrées à des activités quotidiennes d'oral, de lecture et d'écriture qui prennent appui sur l'ensemble des champs disciplinaires.
(**) Enseignement moral et civique : 36 heures annuelles, soit 1 heure hebdomadaire dont 0 h 30 est consacrée à des situations pratiques favorisant l'expression orale.

D. Les horaires

Selon les organisations retenues localement, la journée à l'école élémentaire **débute généralement autour de 8h30**. Elle s'achève généralement autour de 16h00 (autour de 12h00 le mercredi matin). La journée comprend des récréations d'environ quinze minutes et une pause méridienne.

Les enfants peuvent également être accueillis le matin avant le début des cours et en fin de journée, pendant 1 à 2 heures après la fin des cours. Ces temps périscolaires sont organisés par la municipalité. Des temps d'étude surveillée, des activités artistiques, sportives et ludiques… sont proposés aux enfants.

E. Les accueils de loisirs et les stages de réussite

Les communes organisent également des **accueils de loisirs** dans les écoles le mercredi matin et/ou après-midi et pendant les vacances.

Durant les vacances de printemps et d'été, des **stages de réussite** peuvent être organisés pour aider les élèves.

2. LES LIEUX DE L'ÉCOLE ÉLÉMENTAIRE

La salle de classe : à l'école élémentaire, la quasi-totalité des enseignements se déroule dans la même salle de classe.

La cour est l'espace, au sein de l'école, où se rendent les élèves à l'occasion des récréations. Plusieurs fois par jour, ils peuvent y jouer sous la surveillance des adultes de l'école. La cour peut aussi accueillir les enseignements d'éducation physique et sportive qui se déroulent à l'air libre.

La cantine scolaire est l'espace où les élèves déjeunent. Le service de restauration scolaire est assuré par la commune. Les parents qui le souhaitent ont la possibilité de récupérer leur enfant pendant la pause méridienne et de le faire déjeuner à l'extérieur de l'école.

Les sorties et voyages scolaires : les élèves peuvent être amenés à sortir de l'école de manière régulière ou occasionnelle pour des activités culturelles (bibliothèque, cinéma, théâtre…) ou sportives (piscine). Les sorties effectuées pendant les horaires de classe sont obligatoires et, à ce titre, gratuites. Les autres sont facultatives. Les parents peuvent être sollicités pour accompagner les sorties scolaires. Les sorties doivent être autorisées par le directeur d'école. Les sorties qui comprennent une nuitée doivent être autorisées par le directeur académique des services de l'Éducation nationale.

Le téléphone portable à l'école

Depuis la rentrée scolaire 2018, l'usage du téléphone portable est interdit par la loi dans l'enceinte des écoles (et des collèges). Cette mesure vise à éviter le harcèlement, les vols, etc. Elle favorise la concentration des élèves sur les apprentissages. ■

3. LES ACTEURS DE L'ÉCOLE ÉLÉMENTAIRE

Le professeur des écoles a la responsabilité de sa classe tout au long de l'année et assure l'enseignement de toutes les disciplines. Il est le premier interlocuteur des familles pour les questions liées aux apprentissages et à la scolarité des enfants. Il est recruté et formé par l'Éducation nationale. Les professeurs nouvellement recrutés n'enseignent qu'une partie de leur temps, le reste étant consacré à se former. Les professeurs de l'école se réunissent au sein du conseil des maîtres.

Le directeur anime l'équipe des professeurs. Lui-même professeur des écoles, il peut, selon la taille de l'école, avoir la responsabilité d'une classe ou être partiellement ou totalement déchargé d'enseignement. Il veille au bon fonctionnement de l'école et préside le conseil d'école. Le directeur procède à l'admission des élèves inscrits par le maire. Il organise l'accueil et la surveillance des élèves au sein de l'école. Avec les professeurs, il informe les familles et répond à leurs interrogations.

Les acteurs médico-sociaux (médecin, infirmier et assistant de service social) accompagnent les élèves et leurs familles pour faire face aux besoins sociaux ou de santé. Ils assurent des actions de prévention.

Le psychologue de l'Éducation nationale conseille les professeurs et les familles pour répondre aux besoins des enfants. Le travail se fait en lien avec les parents. Il participe au réseau d'aides spécialisées aux élèves en difficulté (RASED) (voir Les aides à l'école élémentaire).

L'AESH (accompagnant des élèves en situation de handicap) accompagne l'élève en situation de handicap dans les gestes de la vie quotidienne, dans ses apprentissages, ainsi que dans ses relations avec les enfants et les adultes de l'école. Les missions de l'AESH sont précisées dans le projet personnalisé de scolarisation de l'élève mis au point pour chaque élève en situation de handicap (voir La scolarisation des élèves en situation de handicap). Un AESH peut accompagner un ou plusieurs élèves en situation de handicap.

L'animateur prend en charge un groupe d'enfants pendant les temps périscolaires et extra-scolaires (matin, pause déjeuner, fin de journée, mercredi ou pendant les vacances) et anime leurs activités.

La commune inscrit les élèves dans les écoles. Elle a la responsabilité des bâtiments des écoles publiques, maternelles et élémentaires de son territoire. Elle en assure l'entretien et les réparations. Elle organise également les temps périscolaires et extra-scolaires ainsi que le service de cantine. Elle est l'employeur des animateurs, des personnels chargés de la cantine ou de l'entretien. Dans les écoles publiques, la commune organise un service minimum d'accueil des élèves en cas de grève des professeurs[1].

L'inspecteur de l'Éducation nationale a la responsabilité des écoles de sa circonscription. Il est le supérieur hiérarchique des professeurs des écoles. Il assure l'animation pédagogique des équipes de directeurs et de professeurs.

Le directeur académique des services de l'Éducation nationale représente le recteur d'académie dans le département. Il met en œuvre la stratégie académique dans les écoles, collèges et lycées. Il peut être assisté par un ou plusieurs adjoints.

Le recteur d'académie assure la responsabilité du système éducatif dans une académie.

Le ministère de l'Éducation nationale fixe les programmes scolaires, l'organisation et le fonctionnement des écoles, des collèges et des lycées (nombre d'heures d'enseignement, vacances scolaires, etc.). ■

---

1   Si le taux de professeurs ayant déclaré leur intention de faire grève est inférieur à 25 %, c'est l'État qui organise l'accueil des élèves. Dans les écoles privées sous contrat, l'accueil est organisé par l'organisme gestionnaire de l'école.

4. LE RÔLE DES PARENTS D'ÉLÈVES À L'ÉCOLE ÉLÉMENTAIRE

Les parents sont membres de la communauté éducative et sont, à ce titre, informés de la vie de l'école et du déroulement de la scolarité de leur enfant. Leur premier interlocuteur est le professeur de leur enfant. Ils peuvent également s'adresser au directeur de l'école ou à l'inspecteur de l'Éducation nationale. Des **réunions collectives** sont régulièrement organisées entre les parents et les professeurs. Elles ont lieu au moins deux fois par an. Elles sont organisées de manière à prendre en compte les contraintes, notamment professionnelles, des parents. Les parents sont informés du déroulement de la scolarité de leurs enfants (voir L'évaluation à l'école élémentaire). Lorsque cela est nécessaire, des rencontres individuelles peuvent avoir lieu.

Les parents peuvent se regrouper au sein d'**associations de parents d'élèves**. Elles peuvent être locales ou rattachées à une fédération. Au sein de l'école, elles disposent d'une boîte aux lettres, d'un tableau d'affichage et, parfois, d'un local. Elles peuvent prendre connaissance de la liste des parents d'élèves de l'école et leurs coordonnées, sous réserve de l'accord de ces derniers. Les associations de parents peuvent diffuser des documents d'information au sein de l'école en veillant à respecter les principes de laïcité et de neutralité et en évitant toute forme d'injure ou de diffamation. Avec l'accord du maire, les associations de parents organisent des événements au sein de l'école tels que des fêtes d'école.

Les parents sont représentés au sein du **conseil d'école**[1]. Le nombre de représentants de parents est égal au nombre de classes de l'école. Les représentants sont élus chaque année au cours du mois d'octobre. **Chaque parent est électeur et éligible.** Les candidats forment une ou plusieurs listes et les élections se déroulent au scrutin proportionnel. Le conseil d'école se réunit obligatoirement dans le mois qui suit l'élection des représentants et une fois par trimestre. Il vote le règlement intérieur de l'école, statue sur la partie pédagogique du projet d'école et adopte ce dernier, établit le projet d'organisation pédagogique de la semaine scolaire, et peut donner son avis sur toute question intéressant la vie de l'école.

---

1 Présidé par le directeur de l'école, le conseil d'école réunit le maire, un conseiller municipal, les professeurs de l'école, les représentants des parents d'élèves et un délégué départemental de l'Éducation nationale. L'inspecteur de l'Éducation nationale assiste de droit aux réunions.

5. LA SCOLARISATION DES ÉLÈVES EN SITUATION DE HANDICAP

- Les enfants en situation de handicap sont **scolarisés au même titre que les autres élèves**. L'école promeut leur inclusion pour favoriser leurs apprentissages et leur autonomie.

- **Les principaux interlocuteurs de la famille** sont les professeurs de l'école et le professeur référent, chargé de suivre les élèves en situation de handicap scolarisés dans plusieurs écoles. Les parents sont associés aux réunions d'équipe de suivi de scolarisation de leur enfant.

- **Un projet personnalisé de scolarisation (PPS)** organise la scolarité de l'élève en situation de handicap (accompagnement, aménagement du temps scolaire, etc.). La famille saisit la commission des droits et de l'autonomie des personnes handicapées (CDAPH) de la maison départementale des personnes handicapées (MDPH) pour bénéficier de la forme de scolarité et de l'accompagnement les plus adaptés à son enfant. Les besoins de l'élève sont décrits dans un document appelé GEVA-Sco (Guide d'évaluation des besoins de compensation en matière de scolarisation).

- L'accompagnement au sein d'une école ou de plusieurs écoles ou établissements scolaires peut être organisé au sein d'un pôle inclusif d'accompagnement localisé (**PIAL**).

Trois formes de scolarisation

- **Dans une classe ordinaire**. Si cela est nécessaire, l'élève bénéficie d'aménagements du temps scolaire, de matériel adapté (ordinateur par exemple) ou de l'aide d'un AESH.
- **Dans une unité localisée pour l'inclusion scolaire (ULIS)**. L'élève suit une partie des enseignements au sein de l'ULIS et une partie des enseignements en classe ordinaire. Chaque emploi du temps est adapté aux capacités et aux besoins de l'élève.
- **Dans une unité d'enseignement (UE)**, lorsque l'élève est pris en charge par un établissement ou un service médico-social ou de santé. Les enseignements sont assurés par des professeurs de l'Éducation nationale, parfois en partie au sein de l'école. Les élèves avec troubles du spectre de l'autisme peuvent être scolarisés dans une unité d'enseignement élémentaire autisme (UEEA). Les élèves sont alors suivis par un enseignant, un AESH et des personnels médico-sociaux (médecins, psychologues, éducateurs, etc.).

Un numéro vert (0805 805 110) est à la disposition des familles pour répondre à leurs interrogations sur la scolarisation de leur enfant.

6. LA SANTÉ ET LA SÉCURITÉ DES ÉLÈVES À L'ÉCOLE ÉLÉMENTAIRE

L'école veille à la santé des élèves et assure leur sécurité.

A. La santé

Plusieurs **vaccins** sont obligatoires pour entrer à l'école maternelle ou élémentaire ; d'autres sont recommandés. Les familles présentent le carnet de santé de l'enfant lors de son inscription à l'école.

Les vaccins obligatoires
Pour les enfants nés avant 2018, les vaccins contre la diphtérie, le tétanos et la poliomyélite (DTP) sont obligatoires.
Pour les enfants nés à partir de 2018, onze vaccins sont obligatoires : antidiphtérique, antitétanique, antipoliomyélitique, contre la coqueluche, les infections invasives à Haemophilus influenzae de type b, le virus de l'hépatite B, les infections invasives à pneumocoque, le méningocoque de sérogroupe C, la rougeole, les oreillons et la rubéole.

Lorsqu'un élève souffre de pathologies chroniques (asthme par exemple) d'allergies ou d'intolérances alimentaires, un **projet d'accueil individualisé (PAI)** est élaboré. Il est mis en place à la demande de la famille ou proposé par le directeur de l'école, avec l'accord de la famille. Il précise les conditions de prise de repas, les aménagements nécessaires à la santé de l'élève (par exemple, la dispense de certaines activités) ou encore les éventuelles prises de médicament. Le PAI est rédigé par le médecin.

En grande section de maternelle ou en CP, l'enfant passe une **visite médicale**. Il s'agit de mettre en évidence les troubles qui pourraient affecter les apprentissages de l'élève comme les troubles auditifs ou les troubles visuels. Les parents peuvent être présents lors de cette visite.

Tout au long de l'école primaire, les enfants acquièrent **les savoirs nécessaires en matière de santé**. À l'école élémentaire, au cours du cycle 3 (CM1-6e), en éducation physique et sportive, «les élèves s'approprient des principes de santé, d'hygiène de vie, de préparation à l'effort (principes physiologiques) et comprennent les phénomènes qui régissent le mouvement (principes biomécaniques)».

B. La sécurité

Les élèves sont sensibilisés aux risques des **jeux dangereux** et du harcèlement.

Face à une situation de **harcèlement**, les professeurs contactent les familles des enfants qu'ils soient victime, témoin ou auteur. Les parents peuvent également solliciter directement l'école lorsqu'ils soupçonnent une telle situation. Un numéro vert a été mis en place afin d'aider les élèves, les parents et les professeurs à faire face à ces situations (3020). En cas de cyberharcèlement, les victimes peuvent joindre le numéro vert Net Écoute (0800 200 000).

Les écoles sont organisées pour faire face aux **risques majeurs** (attentats ou intrusions, risques naturels ou technologiques, etc.). Chaque année, des exercices de sécurité sont organisés, dont au moins un exercice attentat-intrusion. Ces exercices sont organisés de manière adaptée à l'âge des enfants.

Dans le cadre de la crise sanitaire de la **COVID-19**, des mesures spécifiques ont été décidées et mises en place au printemps 2020.

Les parents sont informés par les écoles des règles de sécurité.

Les assurances scolaires

La souscription, par les parents, d'une assurance scolaire n'est pas obligatoire. Elle est cependant conseillée pour couvrir d'éventuels dommages subis ou causés par leur enfant. Elle est obligatoire pour la participation aux activités scolaires facultatives.

7. LES AIDES À L'ÉCOLE ÉLÉMENTAIRE

Lorsqu'un élève rencontre des difficultés, le professeur est le premier interlocuteur et lui apporte l'aide et le soutien dont il a besoin pour les surmonter.

Avec l'accord des parents, les élèves peuvent suivre des activités pédagogiques complémentaires (**APC**).

Si l'élève a du mal à acquérir certaines compétences, un **programme personnalisé de réussite éducative (PPRE)** est mis en place. Le professeur de la classe détermine les besoins de l'élève, les objectifs à atteindre et les moyens mis en œuvre. La famille est associée à cette démarche.

Face à des troubles des apprentissages, un **plan d'accompagnement personnalisé (PAP)** est proposé à l'élève. Il est mis en place à la demande des professeurs ou des parents avec l'appui du médecin de l'Éducation nationale. Le PAP recense les aménagements dont l'élève a besoin pour poursuivre sa scolarité. Il peut s'agir, par exemple, d'installer l'élève face au tableau, d'agrandir les supports des exercices qui lui sont proposés, d'adapter le temps des évaluations, etc.

Au sein du **réseau d'aides spécialisées aux élèves en difficulté (RASED)**, des professeurs spécialisés peuvent intervenir pour aider les élèves à surmonter leurs difficultés en classe ou lors de rendez-vous individuels avec l'accord des parents (difficultés d'apprentissage ou de comportement). Le psychologue de l'Éducation nationale contribue à l'évaluation et à l'analyse des situations et peut rencontrer les élèves en difficulté. Il travaille en équipe avec l'enseignant de l'élève et les enseignants spécialisés. Il est en contact avec la famille de l'enfant.

Pour aider les élèves, notamment en classe de CM2, des **stages de réussite** peuvent être organisés pendant les vacances d'été, d'automne et de printemps.

8. L'ÉVALUATION À L'ÉCOLE ÉLÉMENTAIRE

En CP, les élèves passent des **évaluations nationales** à deux reprises, en septembre et en janvier, en français et en mathématiques. De nouvelles évaluations sont passées en début de CE1. Ces évaluations constituent pour les professeurs des repères permettant d'identifier les points forts et les besoins des élèves. Le résultat des évaluations est communiqué aux parents.

Tout au long de l'école élémentaire, l'élève est évalué au regard des capacités et compétences du **socle commun de compétences, de connaissances et de culture des programmes scolaires** et, **pour le français et les mathématiques, des attendus de fin de d'année**. Les professeurs choisissent les exercices ou les situations qui leur permettent d'évaluer les élèves.

Les parents prennent connaissance des résultats de leur enfant tout au long de l'année grâce aux **bilans périodiques**. À la fin du cycle 2, en CE2, un **bilan de fin de cycle** est établi. Le livret scolaire rassemble les résultats de chaque élève à l'école et au collège.

À la fin de l'année scolaire, **le passage en classe supérieure** est décidé par le conseil des maîtres après avis de la famille. Le redoublement est exceptionnel. Il est proposé uniquement si les aides mises en place n'ont pas permis à l'élève de surmonter ses difficultés. De nouvelles aides sont mises en place l'année suivante, par exemple sous la forme d'un PPRE. Un saut de classe peut être proposé si l'élève présente des facilités dans les apprentissages. L'élève ne peut redoubler ou sauter une classe qu'une seule fois au cours de l'école primaire. Un second saut de classe peut être accordé dans des cas particuliers après avis de l'inspecteur de l'Éducation nationale. Les décisions prises par le conseil des maîtres sont susceptibles d'appel devant la commission départementale d'appel.

9. L'ENTRÉE EN 6ᵉ

L'entrée au collège a été préparée tout au long de l'école élémentaire. La 6ᵉ constitue la dernière année du cycle 3, également appelé cycle de consolidation.

Le passage en classe de 6ᵉ est décidé par le conseil des maîtres après avis des parents. Cette décision est susceptible de recours auprès de la commission départementale d'appel.

Les élèves sont affectés **dans le collège de secteur**, en fonction de l'adresse du domicile des parents.

Les dérogations

Si la capacité d'accueil d'un autre collège le permet, des dérogations peuvent être accordées par le directeur académique des services de l'Éducation nationale. Les dérogations sont examinées selon un ordre de priorité défini dans chaque département (élève en situation de handicap, élève nécessitant une prise en charge médicale importante, élève boursier, élève dont un frère ou une sœur est déjà scolarisé dans le collège souhaité, élève dont le domicile est proche du collège, élève qui suit ou veut suivre un parcours scolaire particulier). ■

Lors du passage en 6ᵉ, **les familles choisissent la ou les langues vivantes** qui seront étudiées par l'élève. Ils peuvent également demander son inscription **dans des cursus spécifiques** (classes à horaires aménagés musique, théâtre ou danse, sections sportives, classes bilangues, etc.).

Les familles des **élèves qui présentent des difficultés graves et persistantes** peuvent solliciter une poursuite de scolarité en SEGPA (section d'enseignement général et professionnel adapté) au collège. ■

Deuxième partie | Les programmes et les attendus de fin d'année en FRANÇAIS et en MATHÉMATIQUES à l'école élémentaire

PRÉSENTATION GÉNÉRALE	29

1. LE FRANÇAIS

Présentation générale du français à l'école élémentaire	31
CP, CE1, CE2 (CYCLE 2)	32
Attendus de fin d'année de **CP** en français	34
Attendus de fin d'année de **CE1** en français	47
Attendus de fin d'année de **CE2** en français	60
CM1, CM2, 6ᵉ (CYCLE 3)	73
Attendus de fin d'année de **CM1** en français	75
Attendus de fin d'année de **CM2** en français	87

2. LES MATHÉMATIQUES

Présentation générale des mathématiques à l'école élémentaire	101
CP, CE1, CE2 (CYCLE 2)	102
Attendus de fin d'année de **CP** en mathématiques	104
Attendus de fin d'année de **CE1** en mathématiques	116
Attendus de fin d'année de **CE2** en mathématiques	129
CM1, CM2, 6ᵉ (CYCLE 3)	143
Attendus de fin d'année de **CM1** en mathématiques	146
Attendus de fin d'année de **CM2** en mathématiques	165

PRÉSENTATION GÉNÉRALE

À l'école élémentaire, la priorité est donnée à l'apprentissage des fondamentaux, notamment le français et les mathématiques. Durant le cycle 2 (CP, CE1 et CE2), les élèves reçoivent en moyenne chaque semaine un enseignement de français de 10 heures et un enseignement de mathématiques de 5 heures. En CM1 et CM2, ces enseignements sont en moyenne de 8 heures et 5 heures. L'ensemble des disciplines contribuent également à l'acquisition de connaissances et de compétences en français et en mathématiques[1].

Les programmes de français et de mathématiques sont disponibles en ligne[2]. Ils ont été complétés par des repères de progression qui précisent le rythme annuel des apprentissages et des attendus de fin d'année pour chaque classe de l'école et du collège[3].

Vous trouverez ci-après des extraits de ces textes pour le français et les mathématiques :
- les introductions des programmes par cycle,
- ce qui est attendu des élèves chaque année («Ce que sait faire l'élève»),

---

1 À la rentrée scolaire 2020, en raison des conséquences de la crise sanitaire, l'Éducation nationale a choisi de privilégier les apprentissages des élèves en français et en mathématiques jusqu'aux vacances d'automne (https://eduscol.education.fr/cid152895/rentree-2020-priorites-et-positionnement.html).
2 https://www.education.gouv.fr/bo/18/Hebdo30/MENE1820169A.htm?cid_bo=132987
3 https://www.education.gouv.fr/bo/19/Hebdo22/MENE1913283N.htm

- les deux premiers exemples de réussite proposés pour chacun des thèmes abordés dans les deux disciplines : français et mathématiques.

La description de ces thèmes est consultable en ligne[1]. Certains exemples de réussite peuvent être communs à plusieurs niveaux. En mathématiques, il peut s'agir soit de types d'exercice, soit d'exemples d'énoncé.

Un glossaire est présenté à la fin de l'ouvrage.
Les notes de bas de page sont rédigées par l'éditeur.
Les passages soulignés en bleu ont été choisis par l'éditeur.

---

[1] https://www.education.gouv.fr/bo/19/Hebdo22/MENE1913283N.htm

1. LE FRANÇAIS

PRÉSENTATION GÉNÉRALE DU FRANÇAIS À L'ÉCOLE ÉLÉMENTAIRE

Dans les pages suivantes, vous trouverez l'introduction du programme du français et les attendus en français pour les cycles 2 et 3.

Un glossaire est présenté à la fin de l'ouvrage.
Les notes de bas de page sont rédigées par l'éditeur.
Les passages soulignés en bleu ont été choisis par l'éditeur.

1. LE FRANÇAIS |
CP, CE1, CE2 (CYCLE 2)

INTRODUCTION

À **l'école maternelle**, les élèves ont développé des **compétences dans l'usage du langage oral** et appris à parler ensemble, entendu des textes et appris à les comprendre, découvert la fonction de l'écrit et commencé à écrire. **L'acquisition de vocabulaire, la conscience phonologique** et la **découverte du principe alphabétique, l'attention aux régularités de la langue et un premier entraînement aux gestes essentiels de l'écriture** leur ont donné des repères pour poursuivre les apprentissages en français.

L'enseignement du français consolide les compétences des élèves pour communiquer et vivre en société, structure chacun dans sa relation au monde et participe à la construction de soi ; il facilite l'entrée dans tous les enseignements et leurs langages.

L'intégration du CE2 au **cycle 2**[1] doit permettre d'assurer des **compétences de base solides en lecture et en écriture** pour tous les élèves. Durant ce cycle, un **apprentissage explicite du français** est organisé à

---

1 Le cycle 2 correspond aux classes du CP au CE2.

raison de plusieurs séances chaque jour. Comme en maternelle, **l'oral**, travaillé dans une grande variété de situations scolaires, fait l'objet de séances spécifiques d'enseignement. **Les activités de lecture et d'écriture, de grammaire, d'orthographe et de vocabulaire sont quotidiennes** et les relations entre elles permanentes. Afin de conduire chaque élève à une identification sûre et rapide des mots, des activités systématiques permettent d'acquérir et de perfectionner la maîtrise du code alphabétique et la mémorisation des mots. Les démarches et stratégies permettant la compréhension des textes sont enseignées explicitement.

L'étude de la langue est une **dimension essentielle de l'enseignement du français**. Elle conditionne l'aptitude à s'exprimer à l'écrit et à l'oral, la réussite dans toutes les disciplines, l'insertion sociale. Elle doit être l'objet d'un enseignement spécifique, rigoureux et explicite.

Une approche progressive, fondée sur l'observation et la manipulation des énoncés et des formes, leur classement et leur transformation, conduit à une première structuration de connaissances qui seront consolidées au cycle suivant[1] ; mises en œuvre dans des séances spécifiques et dans de nombreux exercices d'entraînement, ces connaissances sont également exploitées – vérifiées, consolidées, automatisées – en situation d'expression orale ou écrite et de lecture.

---

1   Le cycle suivant est le cycle 3 (CM1, CM2, 6e).

ATTENDUS DE FIN D'ANNÉE DE CP EN FRANÇAIS

I. LANGAGE ORAL 35
II. LECTURE ET COMPRÉHENSION DE L'ÉCRIT 38
III. ÉCRITURE 41
IV. ÉTUDE DE LA LANGUE (GRAMMAIRE, ORTHOGRAPHE, LEXIQUE) 44

I. LANGAGE ORAL

A. Écouter pour comprendre des messages oraux (adressés par un adulte ou par des pairs) ou des textes lus par un adulte (en lien avec la lecture)

Ce que sait faire l'élève

- Maintenir une attention orientée en fonction d'un but.
- Repérer et mémoriser des informations importantes. Les relier entre elles pour leur donner du sens.
- Mobiliser des références culturelles nécessaires pour comprendre le message ou le texte.
- Mémoriser le vocabulaire entendu dans les textes.
- Repérer d'éventuelles difficultés de compréhension.

EXEMPLES DE RÉUSSITE

- Il manifeste son attention par une attitude concentrée (attention conjointe, canalisée, focalisée).
- Il procède à un rappel d'une histoire à l'aide d'un support visuel (marotte, illustration).

B. Dire pour être entendu et compris, en situation d'adresse à un auditoire ou de présentation de textes (en lien avec la lecture)

Ce que sait faire l'élève

- Prendre en compte des récepteurs ou interlocuteurs.
- Mobiliser des techniques qui font qu'on est écouté.
- Organiser son discours.

- Mémoriser des textes.
- Lire à haute voix.

EXEMPLES DE RÉUSSITE

- Il articule de manière à ce que chaque mot soit entendu.
- Il récite une comptine, une poésie face à un groupe d'élèves restreint.
  Il cherche le contact de son auditoire (oriente son regard, lève les yeux en direction de son auditoire, joue avec sa voix pour interpréter différents personnages).

C. Participer à des échanges dans des situations diverses (séances d'apprentissage, régulation de la vie de la classe)

Ce que sait faire l'élève

- Respecter les règles régulant les échanges.
- Prendre conscience et tenir compte des enjeux.
- Organiser son propos.
- Utiliser le vocabulaire mémorisé.

EXEMPLES DE RÉUSSITE

- Il participe spontanément à des échanges en restant dans le sujet du propos (il interroge, montre de la curiosité, demande des explications, apporte des réponses à des questions posées) et en respectant les règles de prise de parole instaurées en classe.
- Il adapte son registre de langue à son ou ses interlocuteurs.

D. Adopter une distance critique par rapport au langage produit

Ce que sait faire l'élève

- Repérer le respect ou non des règles organisant les échanges dans les propos d'un pair.

- Prendre en compte des règles explicites établies collectivement.
- Se corriger après écoute.

EXEMPLES DE RÉUSSITE

- Il élabore collectivement un aide-mémoire auquel il se réfère lors des moments d'échanges.
- Il reformule le propos d'un pair en vue de l'améliorer.

II. LECTURE ET COMPRÉHENSION DE L'ÉCRIT

A. Identifier des mots de manière de plus en plus aisée (en lien avec l'écriture : décodage associé à l'encodage, l'analyse de la langue et le vocabulaire)

Ce que sait faire l'élève

- Savoir discriminer de manière auditive et savoir analyser les constituants des mots (conscience phonologique).
- Savoir discriminer de manière auditive et connaître le nom des lettres ainsi que le son qu'elles produisent.
- Établir les correspondances graphophonologiques ; combinatoire (produire des syllabes simples et complexes).
- Mémoriser les composantes du code.
- Mémoriser les mots fréquents (notamment en situation scolaire) et irréguliers.

EXEMPLES DE RÉUSSITE

- Il décompose une syllabe en phonèmes. Par exemple pour → [p]-[u]-[R].
- Il reconstruit la syllabe obtenue lorsque le professeur demande de remplacer le phonème [R] par le phonème [l].

B. Comprendre un texte et contrôler sa compréhension (en lien avec l'écriture)

Ce que sait faire l'élève

- Savoir mobiliser la compétence de décodage.
- Mettre en œuvre (de manière guidée, puis autonome) une démarche

explicite pour découvrir et comprendre un texte. Savoir parcourir le texte de manière rigoureuse. Être capable de faire des inférences. Savoir mettre en relation avec les éléments de sa propre culture.
- Savoir mobiliser ses expériences antérieures de lecture (lien avec les lectures personnelles, les expériences vécues et des connaissances qui en sont issues sur des univers, des personnages-types…). (Au CP, majoritairement à partir des lectures offertes par le professeur.)
- Savoir mobiliser des champs lexicaux portant sur l'univers évoqué par les textes.

SAVOIR CONTRÔLER SA COMPRÉHENSION

- Savoir justifier son interprétation ou ses réponses, s'appuyer sur le texte et sur les autres connaissances mobilisées.
- Être capable de formuler ses difficultés, d'esquisser une analyse de leurs motifs, de demander de l'aide.
- Maintenir une attitude active et réflexive, une vigilance relative à l'objectif (compréhension, buts de lecture).

EXEMPLES DE RÉUSSITE

- Il lit des phrases et de courts textes fortement déchiffrables avec une fluence d'au moins 50 mots par minute.
- Dans le cadre de la lecture d'une phrase, il relie la phrase à l'illustration adéquate.

C. Pratiquer différentes formes de lecture

Ce que sait faire l'élève

- Savoir lire en visant différents objectifs :
  - lire pour réaliser quelque chose ;
  - lire pour découvrir ou valider des informations sur … ;
  - lire une histoire pour la comprendre et la raconter à son tour ;
  - lire pour enrichir son vocabulaire ;
  - lire pour le plaisir de lire.

EXEMPLES DE RÉUSSITE

- Il lit également des textes autres que des récits et réalise ce qui est demandé pour tester sa compréhension : des recettes, des notices de fabrication, en fonction des projets de la classe.
- Il repère les informations données dans un texte informatif simple (thème, niveau de langue, structuration de la page) et illustrées.

D. Lire à voix haute (en lien avec le langage oral)

Ce que sait faire l'élève

- Savoir décoder et comprendre un texte.
- Identifier les marques de ponctuation et les prendre en compte.
- Montrer sa compréhension par une lecture expressive.

EXEMPLES DE RÉUSSITE

- Il lit un texte simple dans lequel le nombre de mots correctement lus par minute atteint au moins 50 mots.
- Après plusieurs lectures, il repère les groupes de mots qui doivent être lus ensemble (groupes de souffle respectant l'unité de sens).

III. ÉCRITURE

A. Copier (en lien avec la lecture)

Ce que sait faire l'élève

- Maîtriser les gestes de l'écriture cursive exécutés avec une vitesse et une sûreté croissantes.
- Transcrire un texte avec les correspondances entre diverses écritures des lettres (scripte/cursive).
- Utiliser des stratégies de copie pour dépasser la copie lettre à lettre : prise d'indices, mémorisation de mots ou groupes de mots.
- Respecter la mise en page des textes proposés.
- Relire pour vérifier la conformité orthographique.
- Manier le traitement de texte pour la mise en page de courts textes.

EXEMPLES DE RÉUSSITE

- Il adapte son écriture à l'espace imparti.
- Il respecte la forme et la taille de la lettre, le sens de rotation du tracé et l'enchaînement des lettres.

B. Écrire des textes en commençant à s'approprier une démarche (en lien avec la lecture, le langage oral et l'étude de la langue)

Ce que sait faire l'élève

- Identifier les caractéristiques propres à différents genres ou formes de textes.
- Mettre en œuvre une démarche d'écriture de textes : trouver et organiser des idées, élaborer des phrases qui s'enchaînent avec cohérence, écrire ces phrases (démarche progressive : d'abord guidée, puis autonome).

- Acquérir quelques connaissances sur la langue : mémoire orthographique des mots, règles d'accord, ponctuation, organisateurs du discours…
- Mobiliser des outils à disposition dans la classe liés à l'étude de la langue.

EXEMPLES DE RÉUSSITE

- Il reconnaît qu'un texte est un documentaire en s'appuyant sur une ou plusieurs caractéristiques liées au genre.
- Il est capable d'une première planification guidée de son écrit : il fait le point sur ce qu'il connaît sur le type d'écrits, propose des mots en rapport avec le thème, s'imagine l'histoire et la retient avant de l'écrire, repère les outils à disposition.

C. Réviser et améliorer l'écrit qu'on a produit (en lien avec l'étude de la langue)

Ce que sait faire l'élève

- Repérer des dysfonctionnements dans les textes produits (omissions, incohérences, redites…) pour améliorer son écrit.
- Mobiliser des connaissances portant sur le genre d'écrit à produire et sur la langue.
- Exercer une vigilance orthographique et mobiliser les acquisitions travaillées lors des leçons de grammaire, d'abord sur des points désignés par le professeur, puis progressivement étendue.
- Utiliser des outils aidant à la correction : outils élaborés dans la classe, guide de relecture…

EXEMPLES DE RÉUSSITE

- Il dit, en écoutant la relecture du professeur, si des mots ont été oubliés dans la phrase et si des syllabes ont été omises dans le mot.
- Il compare la forme du texte produit avec le même genre d'écrit afin de relever les différences de mise en page (titre, saut de lignes, alinéas…).

IV. ÉTUDE DE LA LANGUE (GRAMMAIRE, ORTHOGRAPHE, LEXIQUE)

A. Passer de l'oral à l'écrit

Ce que sait faire l'élève

- Connaître les correspondances graphophonologiques.
- Connaître la valeur sonore de certaines lettres (s – c – g) selon le contexte.
- Connaître la composition de certains graphèmes selon la lettre qui suit (an/am, en/em, on/om, in/im).

EXEMPLES DE RÉUSSITE

- Il décode plus aisément en mobilisant les CGP[1] et propose une orthographe pour un mot régulier.
- En lecture et en dictée, il distingue des mots tels que poisson/poison, gag/gage et des syllabes telles que ga, gi, ca, ci au sein des mots.

B. Construire le lexique

Ce que sait faire l'élève

- Mobiliser les mots en fonction des lectures et des activités conduites pour mieux parler, mieux comprendre, mieux écrire.
- Savoir trouver des synonymes, des antonymes, des mots de la même famille lexicale, sans que ces notions constituent des objets d'apprentissage.

---

1   Correspondance graphème-phonème.

- Percevoir les niveaux de langue familier, courant, soutenu.
- Être capable de consulter un dictionnaire et de se repérer dans un article, sur papier ou en version numérique.

EXEMPLES DE RÉUSSITE

- Il associe le mot flot, par exemple, à une catégorie sémantique (la mer, les vagues) ou trouve des mots de la même famille (flotter, flotteur), des antonymes (flotter/couler) pour émettre des hypothèses sur le sens du mot.
- Il repère et opère des dérivations simples : coller, décoller, recoller ; ours, ourse, ourson.

C. S'initier à l'orthographe lexicale

Ce que sait faire l'élève

- Mémoriser l'orthographe du lexique le plus couramment employé :
  - vocabulaire des activités scolaires et des domaines disciplinaires ;
  - vocabulaire de l'univers familier à l'élève : maison, famille, jeu, vie quotidienne, sensations, sentiments.
- Mémoriser les principaux mots invariables.
- Être capable de regrouper des mots par séries (familles de mots, mots reliés par des analogies morphologiques).

EXEMPLES DE RÉUSSITE

- Il orthographie correctement les mots fréquents étudiés.
- Il décode et encode les mots correspondant aux consignes les plus courantes : lire, entourer, coller.

D. Se repérer dans la phrase simple

Ce que sait faire l'élève

- Identifier la phrase, en distinguer les principaux constituants et les hiérarchiser.

- Reconnaître les principaux constituants de la phrase : le sujet, le verbe (connaissance de propriétés permettant de l'identifier), les compléments (sans distinction).
- Différencier les principales classes de mots : le nom, le déterminant, l'adjectif qualificatif, le verbe, le pronom personnel sujet, les mots invariables.
- Reconnaître le groupe nominal.
- Reconnaître les 3 types de phrases : déclaratives, interrogatives et impératives.
- Reconnaître les formes négative et exclamative et savoir effectuer des transformations.
- En situation d'écoute, il s'appuie sur le sens pour reconnaître le type et la forme d'une phrase.
- Utiliser la ponctuation de fin de phrase (. ! ?) et les signes du discours rapporté (« … »).
- Être capable de mobiliser « les mots de la grammaire » pour résoudre des problèmes d'orthographe, d'écriture et de lecture.

EXEMPLES DE RÉUSSITE

- **Il distingue ligne et phrase.**
- **Il identifie les phrases d'un court texte à partir des majuscules, des différents points et du sens.**

E. Maîtriser l'orthographe grammaticale de base

Ce que sait faire l'élève

- Comprendre :
  - le fonctionnement du groupe nominal dans la phrase ;
  - la notion de « chaîne d'accords » pour déterminant/nom/adjectif (singulier/pluriel ; masculin/féminin).
- Utiliser :
  - des marques d'accord pour les noms et les adjectifs épithètes : nombre (-s) et genre (-e) ;
  - d'autres formes de pluriel (-ail/-aux ; -al/-aux…) ;

- des marques du féminin quand elles s'entendent dans les noms (lecteur/lectrice…) et les adjectifs (joyeux/joyeuse…).
- Identifier la relation sujet-verbe (identification dans les situations simples).
- Identifier le radical et la terminaison.
- Trouver l'infinitif d'un verbe conjugué.
- Mémoriser le présent, l'imparfait, le futur, le passé composé pour :
  - être et avoir ;
  - les verbes du 1er groupe ;
  - les verbes irréguliers du 3e groupe (faire, aller, dire, venir, pouvoir, voir, vouloir, prendre).

EXEMPLES DE RÉUSSITE

- Il opère des tris de mots (noms/déterminants) écrits en fonction de leur genre et de leur nombre.
- Il observe des récurrences dans des phrases simples (nous …ons, vous …ez, ils …ent) et collecte des exemples. Il se sert des collectes pour résoudre des problèmes par analogie.

ATTENDUS DE FIN D'ANNÉE DE CE1 EN FRANÇAIS

I. LANGAGE ORAL 49
II. LECTURE ET COMPRÉHENSION DE L'ÉCRIT 52
III. ÉCRITURE 55
IV. ÉTUDE DE LA LANGUE (GRAMMAIRE, ORTHOGRAPHE, LEXIQUE) 58

I. LANGAGE ORAL

A. Écouter pour comprendre des messages oraux (adressés par un adulte ou par des pairs) **ou des textes lus par un adulte** (en lien avec la lecture)

Ce que sait faire l'élève

- Maintenir une attention orientée en fonction d'un but.
- Repérer et mémoriser des informations importantes. Les relier entre elles pour leur donner du sens.
- Mobiliser des références culturelles nécessaires pour comprendre le message ou le texte.
- Mémoriser le vocabulaire entendu dans les textes.
- Repérer d'éventuelles difficultés de compréhension.

EXEMPLES DE RÉUSSITE

- Il réalise une action en lien avec le contenu de ce qui a été entendu (dessiner, reformuler, classer, catégoriser…) en français et en langue vivante (action plus simple).
- Il fait référence à des lectures antérieures, des leçons étudiées, des consignes, des énoncés similaires.

B. Dire pour être entendu et compris, en situation d'adresse à un auditoire ou de présentation de textes (en lien avec la lecture)

Ce que sait faire l'élève

- Prendre en compte des récepteurs ou interlocuteurs.

- Mobiliser des techniques qui font qu'on est écouté.
- Organiser son discours.
- Mémoriser des textes.
- Lire à haute voix (se reporter à la partie Lecture).

EXEMPLES DE RÉUSSITE

- Il cherche l'adhésion de son auditoire (allant du groupe restreint au groupe classe) lors de l'exercice de la récitation, de l'exposé ou de la lecture à voix haute (interpellation du regard ou orale par l'usage de questionnements par exemple).
- Il s'exprime correctement : il prononce les sons et les mots avec exactitude, respecte l'organisation de la phrase, formule des questions, utilise un débit suffisamment lent pour être audible.

C. Participer à des échanges dans des situations diverses

(séances d'apprentissage, régulation de la vie de la classe)

Ce que sait faire l'élève

- Respecter les règles régulant les échanges.
- Prendre conscience et tenir compte des enjeux.
- Organiser son propos.
- Utiliser le vocabulaire mémorisé.

EXEMPLES DE RÉUSSITE

- Il participe spontanément et à bon escient à des situations de communication réelles et diversifiées (aide un pair dans le cadre de la classe, présente un objet, un livre, une passion à des élèves de maternelle ou de cycle 3).
- Il présente un livre sans raconter la fin.

D. Adopter une distance critique par rapport au langage produit

Ce que sait faire l'élève

- Repérer le respect ou non des règles organisant les échanges dans les propos d'un pair.
- Prendre en compte des règles explicites établies collectivement.
- Se corriger après écoute.

EXEMPLES DE RÉUSSITE

- Il participe à l'élaboration collective de règles en y inscrivant les critères de réussite concernant les prestations orales, les échanges verbaux.
- Il continue à élaborer collectivement un aide-mémoire auquel il se réfère lors des moments d'échanges.

II. LECTURE ET COMPRÉHENSION DE L'ÉCRIT

A. Identifier des mots de manière de plus en plus aisée (en lien avec l'écriture : décodage associé à l'encodage, l'analyse de la langue et le vocabulaire)

Ce que sait faire l'élève

- Savoir discriminer de manière auditive et savoir analyser les constituants des mots (conscience phonologique).
- Savoir discriminer de manière auditive et connaître le nom des lettres ainsi que le son qu'elles produisent.
- Établir les correspondances graphophonologiques ; combinatoire (produire des syllabes simples et complexes).
- Mémoriser les composantes du code.
- Mémoriser les mots fréquents (notamment en situation scolaire) et irréguliers.

EXEMPLES DE RÉUSSITE

- Il lit des phrases contenant des morphèmes grammaticaux et lexicaux muets (exemple : je finis/les enfants) de manière fluide sans vocaliser les lettres muettes.

    Remarque : Quelques confusions pour des lettres finales qui, vocalisées, correspondent à des mots existants peuvent être à consolider (plomb-plombe, point-pointe, second-seconde, fils-fils…)

- Il range les mots «meuble, meunier et meurtre» dans l'ordre alphabétique.

B. Comprendre un texte et contrôler sa compréhension (en lien avec l'écriture)

Ce que sait faire l'élève

- Savoir mobiliser la compétence de décodage.
- Mettre en œuvre (de manière guidée, puis autonome) une démarche explicite pour découvrir et comprendre un texte. Savoir parcourir le texte de manière rigoureuse. Être capable de faire des inférences. Savoir mettre en relation avec les éléments de sa propre culture.
- Savoir mobiliser ses expériences antérieures de lecture (lien avec les lectures personnelles, les expériences vécues et des connaissances qui en sont issues sur des univers, des personnages-types…). (Sur des textes lus par l'élève.)
- Savoir mobiliser des champs lexicaux portant sur l'univers évoqué par les textes.

SAVOIR CONTRÔLER SA COMPRÉHENSION

- Savoir justifier son interprétation ou ses réponses, s'appuyer sur le texte et sur les autres connaissances mobilisées.
- Être capable de formuler ses difficultés, d'esquisser une analyse de leurs motifs, de demander de l'aide.
- Maintenir une attitude active et réflexive, une vigilance relative à l'objectif (compréhension, buts de lecture).

EXEMPLES DE RÉUSSITE

- Il lit des textes adaptés à son âge avec une fluence moyenne de 70 mots par minute.
- Il décode de manière automatisée. Les combinaisons de lettres les plus complexes sont acquises : ail, eil, euil, tion, œu, gn, etc.

C. Pratiquer différentes formes de lecture

Ce que sait faire l'élève

- Savoir lire en visant différents objectifs :
  - lire pour réaliser quelque chose ;
  - lire pour découvrir ou valider des informations sur… ;
  - lire une histoire pour la comprendre et la raconter à son tour ;
  - lire pour enrichir son vocabulaire ;
  - lire pour le plaisir de lire.

EXEMPLES DE RÉUSSITE

- Il lit et comprend des textes documentaires adaptés à son âge, comportant des illustrations, quelques schémas simples d'accès (tableaux à double entrée par exemple).
- Il se donne des objectifs de lecture : il commence à devenir un lecteur qui fait des choix. Il nourrit un carnet de lecteur.

D. Lire à voix haute (en lien avec le langage oral)

Ce que sait faire l'élève

- Savoir décoder et comprendre un texte.
- Identifier les marques de ponctuation et les prendre en compte.
- Montrer sa compréhension par une lecture expressive.

EXEMPLES DE RÉUSSITE

- Il lit un texte dans lequel le nombre de mots correctement lus par minute atteint au moins 70 mots.
- Il repère les groupes de mots qui doivent être lus ensemble (groupes de souffle respectant l'unité de sens).

III. ÉCRITURE

A. Copier (en lien avec la lecture)

Ce que sait faire l'élève

- Maîtriser les gestes de l'écriture cursive exécutés avec une vitesse et une sûreté croissantes.
- Transcrire un texte avec les correspondances entre diverses écritures des lettres (scripte/cursive).
- Utiliser des stratégies de copie pour dépasser la copie lettre à lettre : prise d'indices, mémorisation de mots ou groupes de mots.
- Respecter la mise en page des textes proposés.
- Relire pour vérifier la conformité orthographique.
- Manier le traitement de texte pour la mise en page de courts textes.

EXEMPLES DE RÉUSSITE

- Il réduit la taille de l'écriture pour écrire sur un support Séyès en enchaînant plusieurs lettres sans rompre le geste.
- Il trace toutes les majuscules (avec ou sans modèle).

B. Écrire des textes en commençant à s'approprier une démarche (en lien avec la lecture, le langage oral et l'étude de la langue)

Ce que sait faire l'élève

- Identifier les caractéristiques propres à différents genres ou formes de textes.
- Mettre en œuvre une démarche d'écriture de textes : trouver et organiser des idées, élaborer des phrases qui s'enchaînent avec cohérence, écrire ces phrases (démarche progressive : d'abord guidée, puis autonome).

- Acquérir quelques connaissances sur la langue : mémoire orthographique des mots, règles d'accord, ponctuation, organisateurs du discours…
- Mobiliser des outils à disposition dans la classe liés à l'étude de la langue.

EXEMPLES DE RÉUSSITE

- Il approfondit la planification guidée de son écrit : il complète des cartes mentales dans le cadre de la pratique du brouillon pour organiser ses idées, il s'imagine l'histoire et la retient avant de l'écrire, il utilise les outils à disposition.
- Il écrit une phrase en réponse à une question, une réponse pour résoudre un problème mathématique, une question dans le cadre de la démarche d'investigation, une conclusion lors d'une expérience.

C. Réviser et améliorer l'écrit qu'on a produit
(en lien avec l'étude de la langue)

Ce que sait faire l'élève

- Repérer des dysfonctionnements dans les textes produits (omissions, incohérences, redites…) pour améliorer son écrit.
- Mobiliser des connaissances portant sur le genre d'écrit à produire et sur la langue.
- Exercer une vigilance orthographique et mobiliser les acquisitions travaillées lors des leçons de grammaire, d'abord sur des points désignés par le professeur, puis progressivement étendue.
- Utiliser des outils aidant à la correction : outils élaborés dans la classe, guide de relecture…

EXEMPLES DE RÉUSSITE

- À l'écoute de son texte, il indique s'il y a des omissions, des incohérences et des répétitions.
- Il participe, lors des activités de lecture et d'analyse des différents genres d'écrits, à l'élaboration de guides de relecture adaptés aux écrits à produire.

IV. ÉTUDE DE LA LANGUE (GRAMMAIRE, ORTHOGRAPHE, LEXIQUE)

A. Passer de l'oral à l'écrit (en lien avec la lecture)

Ce que sait faire l'élève

- Connaître les correspondances graphophonologiques.
- Connaître la valeur sonore de certaines lettres (s – c – g) selon le contexte.
- Connaître la composition de certains graphèmes selon la lettre qui suit (an/am, en/em, on/om, in/im).

EXEMPLES DE RÉUSSITE

- Il mobilise l'ensemble des CGP[1] dans une lecture fluide.
- En appui sur les activités de classement, les transformations de phrases, il met en œuvre un raisonnement orthographique prenant en compte les CGP, la morphologie lexicale et syntaxique à un premier niveau.

B. Construire le lexique

Ce que sait faire l'élève

- Mobiliser les mots en fonction des lectures et des activités conduites pour mieux parler, mieux comprendre, mieux écrire.

---

1 Correspondance graphème-phonème.

- Savoir trouver des synonymes, des antonymes, des mots de la même famille lexicale, sans que ces notions constituent des objets d'apprentissage.
- Percevoir les niveaux de langue familier, courant, soutenu.
- Être capable de consulter un dictionnaire et de se repérer dans un article, sur papier ou en version numérique.

EXEMPLES DE RÉUSSITE

- Il revisite, par l'ajout de mots nouveaux, les collections constituées au CP (corolles lexicales, cartes d'identité des mots…), enrichit les catégories.
- Il maîtrise des stratégies appuyées sur la morphologie des mots pour en trouver le sens.

C. S'initier à l'orthographe lexicale

Ce que sait faire l'élève

- Mémoriser l'orthographe du lexique le plus couramment employé :
  - vocabulaire des activités scolaires et des domaines disciplinaires ;
  - vocabulaire de l'univers familier à l'élève : maison, famille, jeu, vie quotidienne, sensations, sentiments.
- Mémoriser les principaux mots invariables.
- Être capable de regrouper des mots par séries (familles de mots, mots reliés par des analogies morphologiques).

EXEMPLES DE RÉUSSITE

- Il orthographie les mots appris et met en œuvre des raisonnements orthographiques basés sur la morphologie lexicale pour orthographier des mots inconnus.
  Exemple : il s'appuie sur beau pour orthographier beauté.
- Il reconnaît la partie commune de certains mots :
  - cuis- : « cuisine, cuisiner, cuisinier, cuisinière » ;
  - -eur : « coiffeur, agriculteur, cultivateur, docteur ».

LES PROGRAMMES ET LES ATTENDUS DE FIN D'ANNÉE EN **FRANÇAIS**

D. Se repérer dans la phrase simple

Ce que sait faire l'élève

- Identifier la phrase, en distinguer les principaux constituants et les hiérarchiser.
- Reconnaître les principaux constituants de la phrase : le sujet, le verbe (connaissance de propriétés permettant de l'identifier), les compléments (sans distinction).
- Différencier les principales classes de mots : le nom, le déterminant, l'adjectif qualificatif, le verbe, le pronom personnel sujet, les mots invariables.
- Reconnaître le groupe nominal.
- Reconnaître les 3 types de phrases : déclaratives, interrogatives et impératives.
- Reconnaître les formes négative et exclamative et savoir effectuer des transformations.
- Utiliser la ponctuation de fin de phrase (. ! ?) et les signes du discours rapporté (« … »).
- Être capable de mobiliser « les mots de la grammaire » pour résoudre des problèmes d'orthographe, d'écriture et de lecture.

EXEMPLES DE RÉUSSITE

- Il repère les phrases dans un texte.
- Il repère le sujet et le verbe dans une phrase à l'oral et à l'écrit.

E. Maîtriser l'orthographe grammaticale de base

Se reporter à Acquérir quelques connaissances sur la langue dans la partie Écriture.

Ce que sait faire l'élève

- Comprendre :
  - le fonctionnement du groupe nominal dans la phrase ;
  - la notion de « chaîne d'accords » pour déterminant/nom/adjectif (singulier/pluriel ; masculin/féminin).

- Utiliser :
  - des marques d'accord pour les noms et les adjectifs épithètes : nombre (-s) et genre (-e) ;
  - d'autres formes de pluriel (-ail/-aux ; -al/-aux…) ;
  - des marques du féminin quand elles s'entendent dans les noms (lecteur/lectrice…) et les adjectifs (joyeux/joyeuse…).
- Identifier la relation sujet-verbe (identification dans les situations simples).
- Identifier le radical et la terminaison.
- Trouver l'infinitif d'un verbe conjugué.
- Mémoriser le présent, l'imparfait, le futur, le passé composé pour :
  - être et avoir ;
  - les verbes du 1er groupe ;
  - les verbes irréguliers du 3e groupe (faire, aller, dire, venir, pouvoir, voir, vouloir, prendre).

EXEMPLES DE RÉUSSITE

- Il réalise des accords en genre et en nombre dans le groupe nominal (déterminant, nom, adjectif) en situation de dictée et commence à les mobiliser en autonomie en expression écrite. Exemples : des journaux récents/des personnes spéciales, un regard amical/des regards amicaux…
- Il corrige des accords en fonction du signalement du professeur.

ATTENDUS DE FIN D'ANNÉE DE CE2 EN FRANÇAIS

I. LANGAGE ORAL 63
II. LECTURE ET COMPRÉHENSION DE L'ÉCRIT 66
III. ÉCRITURE 69
IV. ÉTUDE DE LA LANGUE (GRAMMAIRE, ORTHOGRAPHE, LEXIQUE) 72

I. LANGAGE ORAL

A. Écouter pour comprendre des messages oraux (adressés par un adulte ou par des pairs) ou des textes lus par un adulte (en lien avec la lecture)

Se reporter à Comprendre un texte et contrôler sa compréhension.

Ce que sait faire l'élève

- Maintenir une attention orientée en fonction d'un but.
- Repérer et mémoriser des informations importantes. Les relier entre elles pour leur donner du sens.
- Mobiliser des références culturelles nécessaires pour comprendre le message ou le texte.
- Mémoriser le vocabulaire entendu dans les textes.
- Repérer d'éventuelles difficultés de compréhension.

EXEMPLES DE RÉUSSITE

- Il écoute des exposés, des interviews, des documentaires, des lectures d'albums, etc. Il réalise diverses actions après une écoute : il invente la fin d'une histoire ou modifie son contenu (change de personnages, de lieu, de temps...), répond à des questions, reformule, résume... dans tous les enseignements.
- Il est conscient des critères de réussite, les verbalise pour analyser une écoute.

B. Dire pour être entendu et compris, en situation d'adresse à un auditoire ou de présentation de textes (en lien avec la lecture)

Ce que sait faire l'élève

- Prendre en compte des récepteurs ou interlocuteurs.
- Mobiliser des techniques qui font qu'on est écouté.
- Organiser son discours.
- Mémoriser des textes.
- Lire à haute voix (se reporter à la partie Lecture).

EXEMPLES DE RÉUSSITE

- Il cherche l'interaction avec son auditoire en mettant en place des stratégies apprises pour établir le contact et le soutenir.
- En vue de maintenir l'intérêt de son auditoire, il adapte la hauteur de sa voix, varie le rythme de son débit, en fonction de la situation de communication : lieu, taille de l'auditoire, exposé ou mise en voix de textes…

C. Participer à des échanges dans des situations diverses (séances d'apprentissage, régulation de la vie de la classe)

Ce que sait faire l'élève

- Respecter les règles régulant les échanges.
- Prendre conscience et tenir compte des enjeux.
- Organiser son propos.
- Utiliser le vocabulaire mémorisé.

EXEMPLES DE RÉUSSITE

- Il expose son point de vue, ses réflexions, son questionnement en restant dans le propos de l'échange et montre par son attitude qu'il porte attention à autrui.

▪ Il montre sa volonté de se faire comprendre dans différentes situations d'échanges (dialogue, débat, exposé, explication, explicitation, etc.).

D. Adopter une distance critique par rapport au langage produit

Ce que sait faire l'élève

- Repérer le respect ou non des règles organisant les échanges dans les propos d'un pair.
- Prendre en compte des règles explicites établies collectivement.
- Se corriger après écoute.

EXEMPLES DE RÉUSSITE

▪ Il reformule son propos ou celui d'un pair en vue de l'améliorer avec de moins en moins de guidage du professeur ou de ses pairs.

▪ Il fait régulièrement des propositions de collecte d'expressions ou de tournures syntaxiques pour enrichir l'aide-mémoire de la classe auquel il se réfère lors de moments d'échanges.

II. LECTURE ET COMPRÉHENSION DE L'ÉCRIT

A. Identifier des mots de manière de plus en plus aisée (en lien avec l'écriture : décodage associé à l'encodage, l'analyse de la langue et le vocabulaire)

Ce que sait faire l'élève

- Savoir discriminer de manière auditive et savoir analyser les constituants des mots (conscience phonologique).
- Savoir discriminer de manière auditive et connaître le nom des lettres ainsi que le son qu'elles produisent.
- Établir les correspondances graphophonologiques ; combinatoire (produire des syllabes simples et complexes).
- Mémoriser les composantes du code.
- Mémoriser les mots fréquents (notamment en situation scolaire) et irréguliers.

EXEMPLES DE RÉUSSITE

- Il lit des phrases et des textes de manière fluide (en moyenne 90 mots par minute) sans vocaliser les lettres muettes tout en réalisant les liaisons appropriées.
- Dans un corpus de mots extrait d'un texte, il identifie des lettres muettes identiques pour établir des hypothèses orthographiques.

B. Comprendre un texte et contrôler sa compréhension

(en lien avec l'écriture)

Ce que sait faire l'élève

- Savoir mobiliser la compétence de décodage.
- Mettre en œuvre (de manière guidée, puis autonome) une démarche explicite pour découvrir et comprendre un texte. Savoir parcourir le texte de manière rigoureuse. Être capable de faire des inférences. Savoir mettre en relation avec les éléments de sa propre culture.
- Savoir mobiliser ses expériences antérieures de lecture (lien avec les lectures personnelles, les expériences vécues et des connaissances qui en sont issues sur des univers, des personnages-types...).
- Savoir mobiliser des champs lexicaux portant sur l'univers évoqué par les textes.

SAVOIR CONTRÔLER SA COMPRÉHENSION

- Savoir justifier son interprétation ou ses réponses, s'appuyer sur le texte et sur les autres connaissances mobilisées.
- Être capable de formuler ses difficultés, d'esquisser une analyse de leurs motifs, de demander de l'aide.
- Maintenir une attitude active et réflexive, une vigilance relative à l'objectif (compréhension, buts de lecture).

EXEMPLES DE RÉUSSITE

- Il lit des textes longs adaptés à son âge avec une fluence moyenne de 90 mots par minute.
- Il met en œuvre les stratégies acquises tout au long du cycle pour comprendre un texte de deux à trois pages environ, lu de manière autonome.

C. Pratiquer différentes formes de lecture

Ce que sait faire l'élève

- Savoir lire en visant différents objectifs :
    - lire pour réaliser quelque chose ;
    - lire pour découvrir ou valider des informations sur … ;
    - lire une histoire pour la comprendre et la raconter à son tour ;
    - lire pour enrichir son vocabulaire ;
    - lire pour le plaisir de lire.

EXEMPLES DE RÉUSSITE
- Il lit en classe, fréquente des lieux de lecture.
- Il échange sur son ressenti après une lecture.

D. Lire à voix haute (en lien avec le langage oral)

Ce que sait faire l'élève

- Savoir décoder et comprendre un texte.
- Identifier les marques de ponctuation et les prendre en compte.
- Montrer sa compréhension par une lecture expressive.

EXEMPLES DE RÉUSSITE
- Il lit un texte dans lequel le nombre de mots correctement lus par minute atteint 90.
- Il lit un texte en réalisant les pauses adéquates et en adoptant le ton approprié aux différents signes de ponctuation ainsi qu'en adaptant sa voix aux différents discours.

III. ÉCRITURE

A. Copier (en lien avec la lecture)

Ce que sait faire l'élève

- Maîtriser les gestes de l'écriture cursive exécutés avec une vitesse et une sûreté croissantes
- Transcrire un texte avec les correspondances entre diverses écritures des lettres (scripte/cursive).
- Utiliser des stratégies de copie pour dépasser la copie lettre à lettre : prise d'indices, mémorisation de mots ou groupes de mots.
- Respecter la mise en page des textes proposés.
- Relire pour vérifier la conformité orthographique.
- Manier le traitement de texte pour la mise en page de courts textes.

> **EXEMPLES DE RÉUSSITE**
>
> - Il copie une dizaine de lignes sans erreur en conjuguant vitesse et exactitude.
> - Il copie en respectant les mises en page complexes.
>   Par exemple : des poésies de plus de 10 vers, des dialogues…

B. Écrire des textes en commençant à s'approprier une démarche (en lien avec la lecture, le langage oral et l'étude de la langue)

Ce que sait faire l'élève

- Identifier les caractéristiques propres à différents genres ou formes de textes.
- Mettre en œuvre une démarche d'écriture de textes : trouver et organiser des idées, élaborer des phrases qui s'enchaînent avec cohérence,

écrire ces phrases (démarche progressive : d'abord guidée, puis autonome).
- Acquérir quelques connaissances sur la langue : mémoire orthographique des mots, règles d'accord, ponctuation, organisateurs du discours…
- Mobiliser des outils à disposition dans la classe liés à l'étude de la langue.

EXEMPLES DE RÉUSSITE

- Il écrit un texte en respectant les contraintes du genre identifié.
- Il pratique une première planification autonome de son écrit : il complète des cartes mentales dans le cadre de la pratique du brouillon pour organiser ses idées, s'imagine l'histoire et la retient avant de l'écrire, utilise les outils à disposition.

C. Réviser et améliorer l'écrit qu'on a produit (en lien avec l'étude de la langue)

Ce que sait faire l'élève

- Repérer des dysfonctionnements dans les textes produits (omissions, incohérences, redites…) pour améliorer son écrit.
- Mobiliser des connaissances portant sur le genre d'écrit à produire et sur la langue.
- Exercer une vigilance orthographique et mobiliser les acquisitions travaillées lors des leçons de grammaire, d'abord sur des points désignés par le professeur, puis progressivement étendue.
- Utiliser des outils aidant à la correction : outils élaborés dans la classe, guide de relecture…

EXEMPLES DE RÉUSSITE

- Il signale après relecture, des imprécisions, des erreurs d'ordre syntaxique, orthographique ou lexical.
- Il corrige son texte avec un pair en se servant de ses connaissances sur la langue (relation sujet/verbe, déterminant/nom/adjectif, orthographe des mots de la même famille).

IV. ÉTUDE DE LA LANGUE (GRAMMAIRE, ORTHOGRAPHE, LEXIQUE)

A. Passer de l'oral à l'écrit
(en lien avec la lecture)

Ce que sait faire l'élève

- Connaître les correspondances graphophonologiques.
- Connaître la valeur sonore de certaines lettres (s – c – g) selon le contexte.
- Connaître la composition de certains graphèmes selon la lettre qui suit (an/am, en/em, on/om, in/im).

EXEMPLES DE RÉUSSITE

- Il mobilise l'ensemble des CGP[1] dans une lecture fluide.
- Il met en œuvre un raisonnement orthographique prenant en compte les CGP, la morphologie lexicale et syntaxique.

B. Construire le lexique

Ce que sait faire l'élève

- Mobiliser les mots en fonction des lectures et des activités conduites pour mieux parler, mieux comprendre, mieux écrire.
- Savoir trouver des synonymes, des antonymes, des mots de la même famille lexicale, sans que ces notions constituent des objets d'apprentissage.

---

1 Correspondance graphème-phonème.

- Percevoir les niveaux de langue familier, courant, soutenu.
- Être capable de consulter un dictionnaire et de se repérer dans un article, sur papier ou en version numérique.

EXEMPLES DE RÉUSSITE

- Il analyse un mot et reconnaît un contraire grâce aux préfixes dé-, mal-, im-...
- Il recense des mots se rapportant à un champ lexical et identifie des intrus (ciment, farine, plâtre, sable).

C. S'initier à l'orthographe lexicale

Ce que sait faire l'élève

- Mémoriser l'orthographe du lexique le plus couramment employé :
    - vocabulaire des activités scolaires et des domaines disciplinaires ;
    - vocabulaire de l'univers familier à l'élève : maison, famille, jeu, vie quotidienne, sensations, sentiments.
- Mémoriser les principaux mots invariables.
- Être capable de regrouper des mots par séries (familles de mots, mots reliés par des analogies morphologiques).

EXEMPLES DE RÉUSSITE

- Il orthographie les mots appris et met en œuvre des raisonnements orthographiques basés sur la morphologie lexicale pour orthographier des mots inconnus.
  Exemple : il s'appuie sur beau pour orthographier beauté.
- Il reconnaît la partie commune de certains mots :
  - cuis- : «cuisine, cuisiner, cuisinier, cuisinière» ;
  - -eur : «coiffeur, agriculteur, cultivateur, docteur».

D. Se repérer dans la phrase simple

Ce que sait faire l'élève

- Identifier la phrase, en distinguer les principaux constituants et les hiérarchiser.
- Reconnaître les principaux constituants de la phrase : le sujet, le verbe (connaissance de propriétés permettant de l'identifier), les compléments (sans distinction).
- Différencier les principales classes de mots : le nom, le déterminant, l'adjectif qualificatif, le verbe, le pronom personnel sujet, les mots invariables.
- Reconnaître le groupe nominal.
- Reconnaître les 3 types de phrases : déclaratives, interrogatives et impératives.
- Reconnaître les formes négative et exclamative et savoir effectuer des transformations.
- Utiliser la ponctuation de fin de phrase (. ! ?) et les signes du discours rapporté (« … »).
- Être capable de mobiliser « les mots de la grammaire » pour résoudre des problèmes d'orthographe, d'écriture et de lecture.

EXEMPLES DE RÉUSSITE

- Il lit à voix haute en marquant les phrases.
- Il opère des transformations sur des groupes nominaux (expansions, réductions).

E. Maîtriser l'orthographe grammaticale de base

Ce que sait faire l'élève

- Comprendre :
  - le fonctionnement du groupe nominal dans la phrase ;
  - la notion de « chaîne d'accords » pour déterminant/nom/adjectif (singulier/pluriel ; masculin/féminin).

- Utiliser :
  - des marques d'accord pour les noms et les adjectifs épithètes : nombre (-s) et genre (-e) ;
  - d'autres formes de pluriel (-ail/-aux ; -al/-aux…) ;
  - des marques du féminin quand elles s'entendent dans les noms (lecteur/lectrice…) et les adjectifs (joyeux/joyeuse…).
- Identifier la relation sujet-verbe (identification dans les situations simples).
- Identifier le radical et la terminaison.
- Trouver l'infinitif d'un verbe conjugué.
- Mémoriser le présent, l'imparfait, le futur, le passé composé pour :
  - être et avoir ;
  - les verbes du 1er groupe ;
  - les verbes irréguliers du 3e groupe (faire, aller, dire, venir, pouvoir, voir, vouloir, prendre).

EXEMPLES DE RÉUSSITE

- Il réalise des accords en genre et en nombre dans le groupe nominal (déterminant, nom, adjectif) en situation de dictée et les mobilise en autonomie dans les écrits.
- Il corrige des accords en fonction du signalement du professeur.

1. LE FRANÇAIS | CM1, CM2, 6ᵉ (CYCLE 3)

INTRODUCTION

Le cycle 2 a permis l'acquisition de la lecture et de l'écriture. Le **cycle 3 doit consolider ces acquisitions afin de les mettre au service des autres apprentissages dans une utilisation large et diversifiée de la lecture et de l'écriture**. Le **langage oral**, qui conditionne également l'ensemble des apprentissages et constitue un moyen d'entrer dans la culture de l'écrit, continue à faire l'objet d'une attention constante et d'un travail spécifique. De manière générale, **la maîtrise de la langue reste un objectif central** du cycle 3 et l'intégration de la classe de 6ᵉ au cycle doit permettre d'assurer à tous les élèves une autonomie suffisante en lecture et en écriture pour aborder le cycle 4[1] avec les acquis nécessaires à la poursuite de la scolarité.

Le champ du français articule donc des **activités de lecture, d'écriture et d'oral, régulières et quantitativement importantes, complétées par des activités plus spécifiques dédiées à l'étude de la langue (grammaire, orthographe, lexique)** qui permettent d'en comprendre le fonctionnement et d'en acquérir les règles. L'expression orale et écrite, la lecture sont prépondérantes dans l'enseignement du français, en lien

---

1   Le cycle 4 correspond aux classes de 5ᵉ à 3ᵉ.

avec l'étude des textes qui permet l'entrée dans une culture littéraire commune.

En lecture, l'enseignement explicite de la compréhension doit être poursuivi, en confrontant les élèves à des textes et des documents plus complexes. La pratique de l'écriture doit être quotidienne, les situations d'écriture variées, en lien avec les lectures, la conduite des projets et les besoins des disciplines.

L'étude de la langue demeure une **dimension essentielle de l'enseignement du français**. Elle conditionne l'aptitude à s'exprimer à l'écrit et à l'oral, la réussite dans toutes les disciplines, l'insertion sociale. Elle requiert un enseignement spécifique, rigoureux et explicite. Elle fait l'objet d'une attention constante, notamment dans les situations d'expression orale ou écrite afin de faire réfléchir les élèves à son fonctionnement. Des séances spécifiques sont consacrées à son étude de manière à structurer les connaissances. Le transfert de ces connaissances lors des activités d'écriture en particulier et dans toutes les activités mettant en œuvre le langage fait l'objet d'un enseignement explicite.

La littérature est également une part essentielle de l'enseignement du français : elle développe l'imagination, enrichit la connaissance du monde et participe à la construction de soi. Elle est donnée à lire et à entendre ; elle nourrit les pratiques d'écriture. Au cycle 3, l'accent est mis sur l'appropriation du texte littéraire par l'élève, en lien avec son expérience, ses lectures, ses connaissances, celles qu'il acquiert dans d'autres disciplines, notamment en histoire. Les élèves sont amenés à lire des œuvres de plus en plus longues et complexes, en étant encouragés, dans la mesure du possible, à effectuer des choix de lectures personnelles en fonction de leurs goûts afin de stimuler leur intérêt. Ces lectures font l'objet de discussions sur des temps de classe. Le cycle 3 construit ainsi une première culture littéraire et artistique structurée autour de grandes entrées pour chaque année du cycle. En 6e, une thématique complémentaire est au choix du professeur.

En CM1 et CM2, l'enseignement du français revient aux professeurs des écoles et les activités d'oral, de lecture et d'écriture sont intégrées dans l'ensemble des enseignements.

En 6e, cet enseignement est assuré par le professeur de français, spécialiste de littérature et de langue française. Tous les autres enseignements concourent à la maîtrise de la langue.

ATTENDUS DE FIN D'ANNÉE DE CM1 EN FRANÇAIS

I. LANGAGE ORAL 79
II. LECTURE ET COMPRÉHENSION DE L'ÉCRIT 82
III. ÉCRITURE 84
IV. ÉTUDE DE LA LANGUE (GRAMMAIRE, ORTHOGRAPHE, LEXIQUE) 87

LES PROGRAMMES ET LES ATTENDUS DE FIN D'ANNÉE EN **FRANÇAIS**

I. LANGAGE ORAL

A. Écouter pour comprendre un message oral, un propos, un discours, un texte lu

Ce que sait faire l'élève

- Il soutient son attention, sur une durée de 10 minutes, en vue d'une restitution orale.
- Il écoute des propos oraux et des textes lus de natures et de genres variés pour prélever et mémoriser des informations.
- Après avoir écouté un discours, il situe précisément ce qu'il n'a pas compris.
- Il remarque les éléments vocaux et gestuels d'un discours.

EXEMPLES DE RÉUSSITE

- L'élève restitue l'essentiel d'un message ou d'un texte lu en répondant aux questions : Qui ? Quoi ? Quand ? Où ?
- Il dégage le thème du propos qu'il a entendu et le justifie avec des éléments qu'il a mémorisés.

B. Parler en prenant en compte son auditoire

Ce que sait faire l'élève

- Il prend la parole de manière à se faire entendre de son auditoire.
- Il restitue des textes ou un travail auquel il a participé.
- Il prend la parole en s'aidant du texte qu'il a préalablement rédigé.
- Il met en voix, avec l'aide de son professeur, de courts textes, en tenant compte de leurs caractéristiques.

EXEMPLES DE RÉUSSITE

- Lorsqu'il prend la parole, il s'exprime de manière audible et

compréhensible : le volume de sa voix est adapté, il articule suffisamment.
- Il dit de mémoire un texte court en prose ou en vers.

C. Participer à des échanges dans des situations diversifiées (séances d'apprentissage ordinaire, séances de régulation de la vie de classe, jeux de rôles improvisés ou préparés)

Ce que sait faire l'élève

- Dans un échange, il prend la parole en respectant son tour, sans couper la parole, pour apporter des compléments en lien avec le sujet abordé.
- Il réinvestit le lexique appris en classe ou utilisé par ses camarades.

EXEMPLES DE RÉUSSITE

- Il intervient régulièrement dans un échange. Il ne coupe pas la parole à ses interlocuteurs, demande à parler et ses interventions sont en lien avec le sujet de l'échange.
- Il respecte le temps de la parole de chacun.

D. Adopter une attitude critique par rapport à son propos

Ce que sait faire l'élève

- Il participe aux échanges dans le respect des règles élaborées collectivement.
- À l'écoute de sa prise de parole enregistrée, il repère les moments qui sont à améliorer.

EXEMPLES DE RÉUSSITE

- Il prend la parole pour rappeler les règles si besoin au cours des échanges.
- Il prend en compte au moins deux critères d'évaluation lorsqu'il réitère lui-même sa prestation.

II. LECTURE ET COMPRÉHENSION DE L'ÉCRIT

A. Lire avec fluidité

Ce que sait faire l'élève

- Il lit à voix haute un texte court, après préparation, sans confondre les graphèmes, mêmes complexes.
- Il mémorise de plus en plus de mots fréquents et irréguliers.
- Il lit sans effort un texte d'une page silencieusement ou à haute voix.
- Dans sa lecture à haute voix, il prend en compte les marques de ponctuation.
- Il lit correctement en moyenne 110 mots par minute.

EXEMPLES DE RÉUSSITE

- Lors de sa prestation, il ne bute pas sur les mots qui lui posaient difficulté durant le temps de préparation.
- Il lit sans hésitation des mots irréguliers comme corps, philosophique, physique, chœur…

B. Comprendre un texte littéraire et se l'approprier

Ce que sait faire l'élève

- Dans un texte, il repère les informations explicites et pointe les informations qui ne sont pas données.
- Il distingue, par la mise en page, un extrait de théâtre, un poème et un texte narratif.
- Il met en relation le texte lu avec un autre texte étudié en classe.

EXEMPLES DE RÉUSSITE

- Il répond à des questions en justifiant les réponses par une phrase du texte lorsque le texte le permet.
- Il identifie le narrateur, les personnages (dont le personnage principal).

C. Comprendre des textes, des documents et des images et les interpréter
Contrôler sa compréhension et devenir un lecteur autonome

Ce que sait faire l'élève

- Il donne la nature et la source d'un document.
- Il identifie les différents genres représentés et repère leurs caractéristiques majeures.
- Il trouve dans des documents simples les réponses à des questions.
- Il découvre des documents composites et y repère des informations grâce à un questionnement.

EXEMPLES DE RÉUSSITE

- Il identifie la nature et la source d'un document proposé en géographie.
- Il utilise le sommaire d'un ouvrage pour chercher des réponses à une recherche.

III. ÉCRITURE

A. Écrire à la main de manière fluide et efficace Maîtriser les bases de l'écriture au clavier

Ce que sait faire l'élève

- Il copie sans erreur un texte d'une dizaine de lignes selon la mise en forme demandée en recherchant la rapidité et l'efficacité.
- Il utilise le clavier pour copier et mettre en page, avec rapidité et efficacité, un texte court (5 lignes).
- Il écrit un texte de 5 à 10 lignes en respectant les normes de l'écriture et en reproduisant la forme induite par le modèle.

EXEMPLES DE RÉUSSITE

- L'élève recopie un poème de 10 à 15 lignes dans une écriture cursive, lisible et régulière, sans erreur d'orthographe ou de ponctuation, en respectant la mise en page.
- Il valorise un court texte qu'il a rédigé par une mise en forme lisible et soignée.

B. Recourir à l'écriture pour réfléchir et pour apprendre

Ce que sait faire l'élève

- Il utilise ses écrits de travail pour reformuler, produire des conclusions provisoires, des résumés avec l'aide du professeur.
- Il utilise le cahier de brouillon pour lister ses idées avant d'écrire.
- Dans son cahier de brouillon ou carnet de lecteur, il formule ses impressions de lecture, recopie les passages qui lui plaisent…

EXEMPLES DE RÉUSSITE

- En suivant un schéma donné, il rédige une phrase pour justifier ses préférences pour un livre, une activité de classe.
- Il rédige un texte pour communiquer la démarche et le résultat d'une recherche personnelle ou collective.

C. Rédiger des écrits variés

Ce que sait faire l'élève

- Dans différentes situations de travail, il note des informations oralisées durant une leçon. Il rédige une phrase de synthèse à partir de ces écrits intermédiaires.
- Il rédige un texte sous forme de paragraphes en organisant ses idées.
- Il réécrit un texte en tenant compte des suggestions de révision élaborées en classe (marques grammaticales, substituts, connecteurs temporels).
- En s'appuyant sur des modèles, il rédige de courts textes de genres différents (poèmes, récits…).
- Il suit un protocole donné par le professeur pour écrire un texte, en utilisant les outils mis à sa disposition par le professeur.

EXEMPLES DE RÉUSSITE

- L'élève résume une leçon à partir des notes qu'il a prises.
- Il écrit un court texte poétique en obéissant à une règle précise en référence à des textes poétiques étudiés.

D. Réécrire à partir de nouvelles consignes ou faire évoluer son texte

Ce que sait faire l'élève

- Il reprend la première version de son texte, après lecture de son professeur, pour l'améliorer.

EXEMPLES DE RÉUSSITE

- Il révise son texte en évitant les répétitions qu'on lui a signalées.

E. Prendre en compte les normes de l'écrit pour formuler, transcrire et réviser

Ce que sait faire l'élève

- Il connaît les signes de ponctuation et les utilise à bon escient, au service de la cohérence du texte qu'il écrit.
- Il identifie les dysfonctionnements de son texte, guidé par le professeur qui pointe des critères de réussite selon les notions abordées en étude de la langue.
- Il travaille l'organisation du texte sur l'ensemble de l'écrit, y compris la présentation de la copie

EXEMPLES DE RÉUSSITE

- L'élève écrit un court texte en utilisant à bon escient 3 connecteurs temporels.
- Il ponctue correctement son écrit.

IV. ÉTUDE DE LA LANGUE (GRAMMAIRE, ORTHOGRAPHE, LEXIQUE)

A. Maîtriser les relations entre l'oral et l'écrit

Ce que sait faire l'élève

- Il maîtrise l'ensemble des phonèmes du français et des graphèmes associés.
- À l'écrit et à l'oral, il repère les classes de mots qui subissent des variations et les marques morphologiques du genre et du nombre.

EXEMPLES DE RÉUSSITE

- À l'occasion d'une courte dictée de mots, il écrit sans faire de confusion de sons.

B. Identifier les constituants d'une phrase simple Se repérer dans la phrase complexe

Ce que sait faire l'élève

- Il connaît les notions de nature et fonction et ne les confond pas.
- Dans une phrase simple, il identifie le sujet, y compris lorsqu'il est composé de plusieurs noms.
- L'élève identifie les constituants d'une phrase simple : le sujet, le verbe, les compléments d'objet, sans les distinguer, et les compléments circonstanciels, sans les distinguer.
- Dans un groupe nominal, il distingue le nom noyau et repère le complément du nom.

- En plus des classes grammaticales déjà connues, il identifie : les conjonctions de coordination, les adverbes, les déterminants possessifs et démonstratifs.
- Il identifie et connaît les emplois des trois types de phrases (déclaratives, interrogatives et impératives) et des formes négative et exclamative.

EXEMPLES DE RÉUSSITE

- Dans une phrase courte, il identifie le sujet (placé devant le verbe), le verbe conjugué, les compléments d'objet et les compléments circonstanciels.
- Il transpose un court texte (variation du nombre) en respectant la chaîne des accords.

C. Acquérir l'orthographe grammaticale

Ce que sait faire l'élève

- Il identifie les classes de mots subissant des variations : le nom et le verbe ; le déterminant.
- Il maîtrise l'accord du verbe avec son sujet.
- Il reconnaît le verbe conjugué dans une phrase.
- Il connaît les trois groupes de verbes et les régularités de marques de temps et de personne aux temps simples.
- Il maîtrise la conjugaison du présent, de l'imparfait, du futur, et du passé composé pour :
  - être et avoir ;
  - les verbes du 1er groupe ;
  - les verbes du 2e groupe ;
  - les verbes irréguliers du 3e groupe : faire, aller, dire, venir, pouvoir, voir, vouloir, prendre.
- En s'appuyant sur sa connaissance du passé composé, il fait la différence entre temps simples et temps composés.
- Dans un groupe nominal, il repère le noyau et fait les accords au sein de celui-ci dans des situations simples : déterminant + nom + adjectif(s).

- Il connaît les marques de temps de l'imparfait et du futur de l'indicatif.

EXEMPLES DE RÉUSSITE

- Il modifie le genre et le nombre d'un groupe nominal sujet et effectue toutes les variations nécessaires.
  Un prince courageux quitte son royaume, une princesse courageuse quitte son royaume...
- Dans un corpus de verbes à l'infinitif, il classe les verbes en fonction de leur groupe, connaît les critères d'identification, et différencie les verbes en -ir relevant du 2e groupe de ceux appartenant au 3e groupe.

D. Enrichir le lexique

Ce que sait faire l'élève

- Il utilise des dictionnaires, au format papier ou numérique pour enrichir son lexique en trouvant synonymes ou antonymes.
- Il recourt à un dictionnaire pour lever les questions sémantiques en cas d'homonymie.
- Il réutilise le lexique appris dans des situations de communication écrites ou orales.
- Il repère dans des corpus de mots complexes les principaux préfixes et suffixes et en connaît le sens.
- Il met en réseau des mots en identifiant les familles de mots.
- Il connaît la synonymie et l'antonymie et découvre la notion d'homonymie.

EXEMPLES DE RÉUSSITE

- Il repère le lien sémantique qui existe ou non entre deux mots qui se ressemblent: terrestre/terrien/terrible... et il repère les intrus en justifiant son choix par rapport au sens du radical du mot.
- À partir d'un mot donné, il propose d'autres mots comprenant des préfixes et suffixes fréquents et en donne une définition.

E. Acquérir l'orthographe lexicale

Ce que sait faire l'élève

- Il mémorise de nouveaux mots invariables.
- Il retient le caractère invariable et l'orthographe de certains mots en grammaire, comme les prépositions, les conjonctions de coordination et les adverbes les plus usuels.
- Il mémorise le lexique appris en s'appuyant sur ses régularités, sa formation.

> **EXEMPLES DE RÉUSSITE**
>
> - En situation de dictée ou de rédaction, il orthographie correctement les mots invariables étudiés.
> - Dans un court texte dicté ou produit par lui, il indique les lettres muettes des mots les plus fréquents.

ATTENDUS DE FIN D'ANNÉE DE CM2 EN FRANÇAIS

I. LANGAGE ORAL 92
II. LECTURE ET COMPRÉHENSION DE L'ÉCRIT 95
III. ÉCRITURE 97
IV. ÉTUDE DE LA LANGUE (GRAMMAIRE, ORTHOGRAPHE, LEXIQUE) 100

I. LANGAGE ORAL

A. Écouter pour comprendre un message oral, un propos, un discours, un texte lu

Ce que sait faire l'élève

- Il soutient une attention longue (15 minutes environ) en vue d'une restitution orale de l'essentiel d'un message ou d'un texte entendu.
- En fonction des différents genres de discours entendus (récit, compte-rendu, exposé…), il adapte son écoute de façon à prélever les informations importantes, repérer leurs enchaînements et les mettre en relation avec les informations implicites.
- Il identifie les effets des éléments vocaux et gestuels dans un discours.
- Dans le cadre d'une seconde écoute guidée par le professeur, il lève les difficultés de compréhension rencontrées.

EXEMPLES DE RÉUSSITE

- Il reformule les informations entendues en répondant aux questions : Qui ? Quoi ? Quand ? Où ? Comment ? Pourquoi ?
- Il prend des notes sur la base d'écoutes répétées et prend appui sur le lexique ou des expressions entendues pour montrer qu'il a compris.

B. Parler en prenant en compte son auditoire

Ce que sait faire l'élève

- Il utilise des techniques liées à la voix et au corps pour être compris et susciter l'attention de son auditoire.

- Il prend la parole en s'appuyant sur ses notes.
- Il met en voix, seul ou avec des camarades, des textes narratifs plus complexes.

EXEMPLES DE RÉUSSITE

- Il analyse sa prestation au moyen d'enregistrements numériques, et s'entraîne pour l'améliorer.
- Il présente une démarche d'investigation, un travail en jouant sur les variations de la voix et de ses gestes pour canaliser l'attention d'un auditoire élargi. Il explicite la démarche et tire une conclusion.

C. Participer à des échanges dans des situations diversifiées (séances d'apprentissage ordinaire, séances de régulation de la vie de classe, jeux de rôles improvisés ou préparés)

Ce que sait faire l'élève

- Dans le cadre d'échanges, il réagit aux propos de ses camarades pour les approuver ou donner un point de vue différent en relation avec le sujet abordé.
- Il appuie sa prise de parole sur le matériau linguistique travaillé en classe, notamment les expressions et formulations relatives à l'affirmation d'un point de vue.

EXEMPLES DE RÉUSSITE

- Sans s'éloigner du sujet débattu, il situe son propos par rapport à celui exprimé par les autres. Il réagit aux propos tenus pour les compléter en apportant des arguments. Il collabore à la recherche de solutions.
- Il synthétise les différents points de vue exprimés et établit des conclusions.

D. Adopter une attitude critique par rapport à son propos

Ce que sait faire l'élève

- Il participe à des échanges et intervient pour faire respecter les règles élaborées collectivement.
- Après écoute, il améliore sa prise de parole en tenant compte des conseils donnés par le groupe.
- Il dégage des différences syntaxiques entre un message oral et sa transposition à l'écrit.

EXEMPLES DE RÉUSSITE

- Il régule les échanges pour solliciter les personnes qui ne se sont pas encore exprimées en faisant taire celles qui monopolisent la parole dans le cadre d'un débat.
- Il s'appuie sur des mots ou formulations, extraits du discours pour justifier son analyse.

II. LECTURE ET COMPRÉHENSION DE L'ÉCRIT

A. Lire avec fluidité

Ce que sait faire l'élève

- Il lit à voix haute, après préparation, un texte long.
- Par sa lecture à voix haute, il rend compte de la ponctuation et respecte le rythme des groupes syntaxiques.
- Il lit correctement en moyenne 120 mots par minute.

EXEMPLES DE RÉUSSITE

- Après préparation, l'élève lit, sans erreur, à haute voix un texte long en respectant les unités syntaxiques de sens, les marques de la ponctuation et les liaisons.
- Le nombre de mots correctement lus est d'environ 120 mots par minute.

B. Comprendre un texte littéraire et se l'approprier

Ce que sait faire l'élève

- Il restitue l'essentiel d'un texte qui contient des informations explicites et des informations implicites.
- Il reconnaît et nomme les principaux genres littéraires à l'aide de critères explicites donnés par le professeur.
- Il met en relation le texte lu avec un autre texte ou une autre référence culturelle.
- Il lit des livres qu'il a choisis.

EXEMPLES DE RÉUSSITE

- Il s'appuie sur des indices tels que les connecteurs logiques, les substituts (exemple : reprises pronominales), les marques morphosyntaxiques (exemple : choix des temps verbaux, marques du genre et du nombre…) pour argumenter sa compréhension du texte.
- Il déduit et élabore des inférences pour comprendre un texte.

C. Comprendre des textes, des documents et des images, et les interpréter
Contrôler sa compréhension et devenir un lecteur autonome

Ce que sait faire l'élève

- Il reconnaît et nomme les caractéristiques des différents éléments d'un document composite.
- À partir de questions posées, il prélève des informations (en faisant des inférences si nécessaire) qu'il combine pour donner un sens global au document composite.

EXEMPLES DE RÉUSSITE

- Il apporte par une réponse rédigée des éléments de réponse à une question induisant des recoupements, des déductions, des inférences.
- Il complète un texte en prélevant des informations dans des illustrations ou représentations diverses.

III. ÉCRITURE

A. Écrire à la main de manière fluide et efficace Maîtriser les bases de l'écriture au clavier

Ce que sait faire l'élève

- Il écrit un texte de façon soignée et lisible d'une quinzaine de lignes en reproduisant la forme induite par le modèle.
- Il copie et met en page sur l'ordinateur des textes courts de 5 à 10 lignes.
- Il utilise les fonctionnalités du traitement de texte pour réviser ses écrits.

EXEMPLES DE RÉUSSITE

- Il copie sans erreur un texte de 10 à 15 lignes en utilisant une écriture cursive lisible et soignée, en respectant la mise en forme demandée et l'orthographe des mots.
- Il présente un travail personnel.

B. Recourir à l'écriture pour réfléchir et pour apprendre

Ce que sait faire l'élève

- Il utilise un cahier de brouillon pour noter ce qu'il retient à l'écoute d'un exposé, à l'occasion d'une sortie, d'une rencontre.
- Il reformule par écrit l'essentiel d'un texte, d'une leçon écrite.
- Il résume par un titre les paragraphes d'un message oral ou écrit.
- Il introduit ses réponses à des questions de compréhension en utilisant les mots de la question et justifie son choix.

EXEMPLES DE RÉUSSITE

- Il rédige à partir d'une liste d'informations qu'il a collectées dans des textes documentaires, et notées dans le cahier de brouillon, une courte synthèse.
- À partir de notes prises, il élabore un compte-rendu des débats et des requêtes dans le cadre du conseil d'élèves.

C. Rédiger des écrits variés

Ce que sait faire l'élève

- En respectant les principales caractéristiques des genres littéraires, préalablement déterminées, il écrit régulièrement des textes variés : récits, textes poétiques, saynètes.
- Pour écrire un texte, il mobilise ce qu'il a précédemment appris sur la langue (syntaxe, lexique, conjugaison…).
- Il organise l'écriture de son texte en planifiant et respectant des étapes nécessaires : premier jet, relecture, révision…

EXEMPLES DE RÉUSSITE

- L'élève rédige un texte de quelques phrases durant une séance d'apprentissage pour la conclure.
- Selon les domaines disciplinaires, il légende une carte, explicite des règles de jeu, rédige un cartel d'une œuvre d'art.

D. Réécrire à partir de nouvelles consignes ou faire évoluer son texte

Ce que sait faire l'élève

- Il révise son texte à l'aide de grilles de critères et y apporte des améliorations ou des corrections.
- Il fait évoluer son texte au fur et à mesure des différentes relectures guidées. Son écriture relève d'un processus.

EXEMPLES DE RÉUSSITE

- L'élève retravaille un court texte selon trois axes donnés par le professeur (cohérence textuelle, concordance des temps et chaîne d'accords) et en améliore le fond et la forme.
- Il enrichit des passages ciblés de son texte (introduction de nouveaux personnages, de descriptions, de cadre, d'époque…).

E. Prendre en compte les normes de l'écrit pour formuler, transcrire et réviser

Ce que sait faire l'élève

- Il s'appuie sur ses connaissances de la ponctuation, de la syntaxe pour écrire.
- Il réinvestit les notions abordées en étude de la langue (complémentarité des notions abordées et de certains énoncés proposés en production d'écrits).
- Il structure ses textes en paragraphes.

EXEMPLES DE RÉUSSITE

- L'élève écrit un court texte en utilisant à bon escient 3 connecteurs logiques et 3 connecteurs temporels.
- Il interroge sa production pour la reprendre (quel est le sujet abordé, ce qu'on en dit, dans quel but, pour qui).

IV. ÉTUDE DE LA LANGUE (GRAMMAIRE, ORTHOGRAPHE, LEXIQUE)

A. Maîtriser les relations entre l'oral et l'écrit

Ce que sait faire l'élève

- Il maîtrise l'ensemble des phonèmes du français et des graphèmes associés.
- Il maîtrise la variation et les marques morphologiques du genre et du nombre, à l'oral et à l'écrit (noms, déterminants, adjectifs, pronoms, verbes).
- Il a conscience de quelques homophonies lexicales et grammaticales, et orthographie correctement les mots concernés.

EXEMPLES DE RÉUSSITE

- Il lit à voix haute un texte d'environ une page sans aucune confusion de graphèmes-phonèmes, y compris dans les mots irréguliers.
- Il écrit de manière autonome un texte de 10 à 15 lignes, en étant attentif à la syntaxe et au lexique.

B. Identifier les constituants d'une phrase simple
Se repérer dans la phrase complexe

Ce que sait faire l'élève

- Parmi les mots invariables, il identifie les prépositions.
- Dans des situations simples, il distingue les COD et COI.
- Il repère la préposition qui introduit le COI ; il distingue un COI d'un CC, introduit également par une préposition.

- Il identifie les CC de temps, lieu et cause.
- Il identifie le sujet, même quand il est inversé.
- Au sein du groupe nominal, il identifie le complément du nom et l'épithète.
- Il identifie l'attribut du sujet.
- Il distingue phrase simple et phrase complexe à partir du repérage des verbes conjugués.

EXEMPLES DE RÉUSSITE

- **Il identifie le sujet placé avant le verbe ou inversé :**
  «Au loin brille la lumière d'un phare.»
  Il identifie tout le sujet, quelle que soit sa forme, dans une phrase.
- **Dans une phrase simple, après avoir identifié le verbe conjugué, il repère les COD, les COI.**

C. Acquérir l'orthographe grammaticale

Ce que sait faire l'élève

- Il distingue les classes de mots, selon qu'ils subissent ou non des variations. Il repère les variations qui affectent l'adjectif et le pronom.
- Il comprend la notion de participe passé et travaille sur son accord quand il est employé avec le verbe être.
- Il maîtrise l'accord du verbe avec le sujet, même quand celui-ci est inversé.
- Il connaît le passé composé et comprend la formation du plus-que-parfait de l'indicatif.
- En plus des temps déjà appris, il mémorise le passé simple et le plus-que-parfait pour :
  - être et avoir ;
  - les verbes du 1er groupe ;
  - les verbes du 2e groupe ;
  - les verbes irréguliers du 3e groupe : faire, aller, dire, venir, pouvoir, voir, vouloir, prendre.

- Il identifie les marques de temps du passé simple.
- Sur le plan morphologique, il repère le radical, les marques de temps et les marques de personne.

EXEMPLES DE RÉUSSITE

- Il distingue la classe des mots dans des cas ambigus : « un savoir/ savoir » et explicite la signification des terminaisons nominales et verbales « élèves/élèvent ».
- Il identifie « Il a pris » comme un temps composé, construit à l'aide d'un auxiliaire et d'un participe passé.

D. Enrichir le lexique

Ce que sait faire l'élève

- Il utilise des dictionnaires dont il maîtrise le fonctionnement. Il prend connaissance de l'intégralité d'un article et y distingue les différentes informations qui y figurent.
- Il se sert du contexte pour comprendre les mots inconnus qu'il rencontre au cours de ses lectures.
- Il réutilise à bon escient le lexique appris à l'écrit et à l'oral.
- Il consolide sa connaissance du sens des principaux préfixes et découvre les racines latines et grecques.
- Pour un champ lexical donné, il regroupe des mots.
- Il consolide sa connaissance de l'homonymie et découvre la notion de polysémie.
- Il découvre la notion de dérivation.
- Il approfondit sa connaissance des préfixes et suffixes les plus fréquents, notamment en proposant un classement sémantique.
- Il découvre en contexte la formation des mots par composition.

EXEMPLES DE RÉUSSITE

- Pour comprendre un mot inconnu, il choisit de manière autonome la stratégie la plus efficace : recours à l'étymologie, consultation du dictionnaire ou utilisation du contexte.

- Il réalise des corolles lexicales à partir d'un mot central décliné en antonyme, synonyme, mots de la même famille, mots du même champ lexical...

E. Acquérir l'orthographe lexicale

Ce que sait faire l'élève

- Il orthographie correctement les mots invariables appris en grammaire grâce à l'acquisition d'automatismes.

EXEMPLES DE RÉUSSITE

- Il orthographie correctement un nombre croissant de mots invariables étudiés et regroupés par liens sémantiques : les adverbes de temps, de lieu, de manière..., les connecteurs logiques (puisque, ainsi, alors...).
- Il écrit sans erreur des phrases présentant des cas d'homophonie grammaticale : ce/se ; c'est/s'est...

2. LES MATHÉMATIQUES

PRÉSENTATION GÉNÉRALE DES MATHÉMATIQUES À L'ÉCOLE ÉLÉMENTAIRE

Dans les pages suivantes, vous trouverez l'introduction du programme des mathématiques et les attendus en mathématiques pour les cycles 2 et 3.

Un glossaire est présenté à la fin de l'ouvrage.
Les notes de bas de page sont rédigées par l'éditeur.
Les passages soulignés en bleu ont été choisis par l'éditeur.

2. LES MATHÉMATIQUES | CP, CE1, CE2 (CYCLE 2)

INTRODUCTION

Au **cycle 2**, la résolution de problèmes est au centre de l'activité mathématique des élèves, développant leurs capacités à chercher, raisonner et communiquer. **Les problèmes** permettent d'aborder de nouvelles notions, de consolider des acquisitions, de provoquer des questionnements. Ils peuvent être issus de situations de vie de classe ou de situations rencontrées dans d'autres enseignements, notamment Questionner le monde, ce qui contribue à renforcer le lien entre les mathématiques et les autres disciplines. Ils ont le plus souvent possible un caractère ludique. On veillera aussi à proposer aux élèves, dès le CP, des problèmes pour apprendre à chercher qui ne soient pas de simples problèmes d'application à une ou plusieurs opérations mais nécessitent des recherches avec tâtonnements.

La composante écrite de l'activité mathématique devient essentielle. Ces écrits sont d'abord des écritures et représentations produites en situation par les élèves eux-mêmes qui évoluent progressivement avec l'aide du professeur vers des formes conventionnelles institutionnalisées dans les cahiers par des traces écrites qui ont valeur de référence. Il est tout aussi essentiel qu'une **verbalisation reposant sur une syntaxe et**

un lexique adaptés accompagne le recours à l'écrit et soit favorisée dans les échanges d'arguments entre élèves. L'introduction et l'utilisation des **symboles mathématiques** sont réalisées au fur et à mesure qu'ils prennent sens dans des situations basées sur des manipulations, en relation avec le vocabulaire utilisé, assurant une entrée progressive dans l'abstraction.

Les élèves consolident leur compréhension des **nombres** entiers, déjà rencontrés au cycle 1. Ils étudient différentes manières de désigner les nombres, notamment leur écriture en chiffres, leurs noms à l'oral, les compositions-décompositions fondées sur les propriétés numériques (le double de, la moitié de, etc.), ainsi que les décompositions en unités de numération (unités, dizaines, etc.).

L'étude des quatre opérations (addition, soustraction, multiplication, division) commence dès le début du cycle à partir de problèmes qui contribuent à leur donner du sens, en particulier des problèmes portant sur des grandeurs ou sur leurs mesures. La pratique quotidienne du **calcul mental** conforte la maîtrise des nombres et des opérations et permet l'acquisition d'automatismes procéduraux et la mémorisation progressive de résultats comme ceux des compléments à 10, des tables d'addition et de multiplication.

En lien avec le travail mené dans Questionner le monde, les élèves rencontrent des grandeurs qu'ils apprennent à mesurer, ils construisent des connaissances de l'espace essentielles et abordent l'étude de quelques relations géométriques et de quelques objets (solides et figures planes) en étant confrontés à des problèmes dans lesquels ces connaissances sont en jeu. **L'étude des grandeurs et de leurs mesures** doit faire l'objet d'un enseignement structuré et explicite qui s'appuie sur des situations de manipulation.

ATTENDUS DE FIN D'ANNÉE DE CP EN MATHÉMATIQUES

I. NOMBRES ET CALCULS 109
II. GRANDEURS ET MESURES 114
III. ESPACE ET GÉOMÉTRIE 117

I. NOMBRES ET CALCULS

A. Comprendre et utiliser des nombres entiers pour dénombrer, ordonner, repérer, comparer (pour des nombres inférieurs ou égaux à 100)

Ce que sait faire l'élève

- Il dénombre des collections en les organisant.
- Il compare, encadre, intercale des nombres entiers en utilisant les symboles =, < et >.
- Il ordonne des nombres dans l'ordre croissant ou décroissant.
- Il comprend et sait utiliser à bon escient les expressions : égal à, autant que, plus que, plus grand que, moins que, plus petit que…
- Il repère un rang ou une position dans une file ou dans une liste d'objets ou de personnes, le nombre d'objets ou de personnes étant inférieur à 30.
- Il fait le lien entre le rang dans une liste et le nombre d'éléments qui le précèdent pour des nombres inférieurs à 20.

EXEMPLES DE RÉUSSITE

- Il dénombre des collections en utilisant des groupements par 10.
- À partir d'un cardinal donné, il constitue des collections en utilisant des groupements par 10.

B. Nommer, lire, écrire, représenter des nombres entiers (pour des nombres inférieurs ou égaux à 100)

Ce que sait faire l'élève

- Il lit un nombre écrit en chiffres.
- Il écrit en chiffres et en lettres des nombres dictés.
- Il connaît et utilise diverses représentations d'un nombre et il passe de l'une à l'autre.
- Il connaît la valeur des chiffres en fonction de leur position (unités, dizaines).
- Il connaît et utilise la relation entre dizaine et unité.

EXEMPLES DE RÉUSSITE

- Il écrit les chiffres en respectant le tracé (forme, sens).
- Il écrit les nombres en chiffres, y compris quand la numération orale n'est pas transparente (de 11 à 16 et supérieurs à 69).

C. Résoudre des problèmes en utilisant des nombres entiers et le calcul

LES NOMBRES EN JEU SONT TOUS INFÉRIEURS OU ÉGAUX À 100

Ce que sait faire l'élève

- Il résout des problèmes du champ additif (addition et soustraction) en une ou deux étapes.
- Il modélise ces problèmes à l'aide de schémas ou d'écritures mathématiques.
- Il connaît le sens des signes - et +.

EXEMPLES DE RÉUSSITE

Exemples de problèmes du champ additif en une étape

- Dans un train, il y a 25 passagers dans le premier wagon, 32 passagers dans le deuxième wagon et 18 dans le troisième wagon.

Combien y a-t-il de passagers au total dans ce train ?
- Dans mes poches, j'ai 27 billes. J'en ai 11 dans ma poche de gauche.
Combien en ai-je dans ma poche de droite ?

LES NOMBRES EN JEU SONT TOUS INFÉRIEURS OU ÉGAUX À 30

Ce que sait faire l'élève

- Il résout, en mobilisant ses connaissances du champ additif sur des petits nombres ou en s'aidant de manipulations, des problèmes du champ multiplicatif en une étape (recherche d'un produit ou recherche de la valeur d'une part ou du nombre de parts dans une situation d'un partage équitable). Les écritures mathématiques avec les symboles : et x ne sont pas attendues.

EXEMPLES DE RÉUSSITE

Exemples de problèmes du champ multiplicatif
- 3 enfants se partagent 18 images (donner ces images).
Combien d'images aura chaque enfant ?
- Il y a 24 élèves dans la classe.
Pour participer à des rencontres sportives, le professeur constitue des équipes de 4 élèves.
Combien y aura-t-il d'équipes ?

D. Calculer avec des nombres entiers (les nombres en jeu sont tous inférieurs ou égaux à 100)

FAITS NUMÉRIQUES MÉMORISÉS UTILES POUR TOUS LES TYPES DE CALCUL

Ce que sait faire l'élève

- Il connaît les compléments à 10.
- Il connaît la décomposition additive des nombres inférieurs ou égaux à 10.
- Il connaît le double des nombres inférieurs à 10.

- Il connaît ou sait retrouver rapidement les doubles des dizaines entières (jusqu'à 50).
- Il connaît ou sait retrouver rapidement la moitié des nombres pairs inférieurs à 20.
- Il connaît ou sait retrouver rapidement la somme de deux nombres inférieurs ou égaux à 10.

EXEMPLES DE RÉUSSITE

Réponse immédiate, oralement ou par écrit

- Il sait répondre à des questions comme : combien faut-il ajouter à 7 pour avoir 10 ?
- Il sait compléter des additions à trou comme : 4 + ... = 10.

PROCÉDURE DE CALCUL MENTAL

Ce que sait faire l'élève

- Il calcule mentalement des sommes et des différences.
- Il commence à savoir utiliser des procédures et des propriétés : mettre le plus grand nombre en premier, changer l'ordre des termes d'une somme, décomposer additivement un des termes pour calculer plus facilement, associer différemment les termes d'une somme.

EXEMPLES DE RÉUSSITE

Les calculs à effectuer sont dits oralement ou écrits (au tableau ou sur une feuille) ; les résultats sont donnés oralement ou écrits sur l'ardoise ou sur le cahier.

- Il calcule mentalement :
  - des sommes sans retenue : 31 + 6 ; 32 + 21 ;
  - des sommes d'un nombre à deux chiffres et d'un nombre à un chiffre, avec franchissement de la dizaine : 43 + 7 ; 32 + 9 ;
  - des sommes d'un nombre à deux chiffres et de dizaines entières : 40 + 30 ; 45 + 30.
- Il soustrait un nombre à un chiffre à un nombre à deux chiffres, lorsqu'il n'y a pas de franchissement de la dizaine : 15 - 5 ; 37 - 4.

CALCUL EN LIGNE

Ce que sait faire l'élève

- Mêmes compétences que pour le calcul mental mais avec le support de l'écrit, ce qui permet de proposer des nombres plus grands, ou des retenues, ou plus de deux nombres.

EXEMPLES DE RÉUSSITE

- Il calcule en ligne toute somme de deux ou trois termes dont le résultat est inférieur à 100, comme :
9 + 32 ; 20 + 50 ; 21 + 45 ; 25 + 36 ; 28 + 7 + 42.
- Il soustrait un nombre à un chiffre à un nombre à 2 chiffres, lorsqu'il y a franchissement de la dizaine, comme : 13 - 6 ; 24 - 7.

CALCUL POSÉ

Ce que sait faire l'élève

- Il pose et calcule des additions en colonnes avec ou sans retenue.

EXEMPLES DE RÉUSSITE

- Il sait poser une addition de deux ou trois nombres à un ou deux chiffres (unités sous unités, dizaines sous dizaines) et la calculer.

II. GRANDEURS ET MESURES

A. Comparer, estimer, mesurer des longueurs, des masses, des contenances, des durées Utiliser le lexique, les unités, les instruments de mesures spécifiques de ces grandeurs

▍LONGUEURS

Ce que sait faire l'élève

- Il compare des objets selon leur longueur.
- Il compare des segments selon leur longueur.
- Il sait que le m et le cm mesurent des longueurs.
- Il mesure des segments en utilisant une règle graduée, en cm entiers ou dans une autre unité (définie par les carreaux d'une feuille par exemple).
- Il trace des segments de longueur donnée, en cm entiers en utilisant une règle graduée, ou dans une autre unité (définie par les carreaux d'une feuille par exemple).
- Il reproduit des segments en les mesurant en cm entiers ou en utilisant une bande de papier.
- Il commence à s'approprier quelques longueurs de référence :
  - 1 cm (unité utilisée en classe),
  - 20 cm (double-décimètre),
  - 1 m (règle du professeur).
- Il utilise le lexique spécifique associé aux longueurs : plus long, plus court, plus près, plus loin, double, moitié.

EXEMPLES DE RÉUSSITE

Les situations s'appuient toutes sur des manipulations.

- Il compare et ordonne 5 baguettes ou 5 bandelettes selon leur longueur.
- Il compare les longueurs de 2 segments en utilisant un étalon ou une règle graduée.

MASSES

Ce que sait faire l'élève

- Il compare des objets selon leur masse, en les soupesant (si les masses sont suffisamment distinctes) ou en utilisant une balance de type Roberval.
- Il utilise le lexique spécifique associé aux masses : plus lourd, moins lourd, plus léger.

EXEMPLES DE RÉUSSITE

Les situations s'appuient toutes sur des manipulations.

- Il compare les masses de 2 objets par comparaison directe et indirecte à l'aide d'une balance.
- Parmi 2 ou 3 bouteilles opaques d'apparence identique, mais remplies différemment (l'objectif est qu'elles aient des masses différentes), il sait dire laquelle est la plus lourde ou laquelle est la plus légère.

DATES ET DURÉES

Travail mené en lien avec Questionner le monde.

Ce que sait faire l'élève

- Il lit des horaires sur une horloge à aiguilles en heures entières.
- Il positionne les aiguilles d'une horloge, l'horaire lui étant donné, en heures entières.
- Il les associe à un moment de la journée.
- Il utilise le lexique associé aux dates et durées :
  - plus long, plus court, avant, après, plus tôt, plus tard ;
  - jour, semaine.
- Il sait qu'il y a sept jours dans la semaine.

EXEMPLES DE RÉUSSITE

Les situations s'appuient toutes sur des manipulations.

- Il lit les heures demandées (3 heures, 9 heures, midi) à partir de deux types de supports : l'affichage analogique sur un cadran à aiguilles (horloge ou montre traditionnelle) et l'affichage digital.

B. Résoudre des problèmes impliquant des longueurs, des masses, des contenances, des durées, des prix

Ce que sait faire l'élève

- Il résout des problèmes en une ou deux étapes impliquant des longueurs, des durées ou des prix.
- Il utilise le lexique spécifique associé aux prix :
  - plus cher, moins cher ;
  - rendre la monnaie ;
  - billet, pièce, somme, reste ;
  - euros.

EXEMPLES DE RÉUSSITE

Problèmes impliquant des manipulations de monnaie (notamment dans des situations de jeu)

- Échanger des pièces contre un billet, ou le contraire.
- Constitue une somme de 49 euros avec des billets de 5 et 10 euros et des pièces de 1 et 2 euros.

III. ESPACE ET GÉOMÉTRIE

A. (Se) repérer et (se) déplacer en utilisant des repères et des représentations

Ce que sait faire l'élève

- Il situe les uns par rapport aux autres des objets ou des personnes qui se trouvent dans la classe ou dans l'école en utilisant un vocabulaire spatial précis : à gauche, à droite, sur, sous, entre, devant, derrière, au-dessus, en dessous.
- Il utilise ou il produit une suite d'instructions qui codent un déplacement sur un tapis quadrillé, dans la classe ou dans l'école en utilisant un vocabulaire spatial précis : avancer, reculer, tourner à droite, tourner à gauche, monter, descendre.

EXEMPLES DE RÉUSSITE

En lien avec Questionner le monde.
- Après avoir choisi un objet mystère dans sa tête, il décrit la position de cet objet pour que ses camarades puissent l'identifier.
- Il retrouve un objet ou un élève dont la position dans la classe a été décrite.

B. Reconnaître, nommer, décrire, reproduire quelques solides

Ce que sait faire l'élève

- Il reconnaît les solides usuels suivants : cube, boule, cône, pyramide, cylindre, pavé droit.
- Il repère des solides simples dans son environnement proche.

- Il nomme le cube, la boule et le pavé droit.
- Il décrit le cube et le pavé droit en utilisant les termes face et sommet.
- Il sait que les faces d'un cube sont des carrés et que les faces d'un pavé droit sont des carrés ou des rectangles.

EXEMPLES DE RÉUSSITE

- Un ensemble de solides lui étant donné, il sait identifier lesquels sont des pyramides, des boules, des cubes, des cylindres, des pavés droits ou des cônes.
- Il associe les noms des solides qu'il connaît à des objets qui lui sont présentés : boîte à chaussures ; boîte de conserve ; cornet à glace ; etc.

C. Reconnaître, nommer, décrire, reproduire, construire quelques figures géométriques
Reconnaître et utiliser les notions d'alignement, d'angle droit, d'égalité de longueurs, de milieu, de symétrie

Ce que sait faire l'élève

- Il reconnaît les figures usuelles suivantes : cercle, carré, rectangle et triangle.
- Il repère des figures simples dans un assemblage, dans son environnement proche ou sur des photos.
- Il nomme le cercle, le carré, le rectangle et le triangle.
- Il donne une première description du carré, du rectangle, du triangle en utilisant les termes sommet et côté.
- Il reproduit un carré, un rectangle et un triangle ou des assemblages de ces figures sur du papier quadrillé ou pointé, sans règle ou avec une règle.
- Il utilise la règle comme instrument de tracé.
- Il repère visuellement des alignements.
- Il utilise la règle pour repérer ou vérifier des alignements.

EXEMPLES DE RÉUSSITE

- Un ensemble de figures planes ou de formes planes lui étant donné (pièces de Tangram, figures découpées...), il sait identifier lesquelles sont des cercles, des carrés, des rectangles ou des triangles.
- Un triangle, un carré ou un rectangle lui étant donné, il sait le nommer et le justifier en donnant son nombre de côtés et leurs longueurs.

ATTENDUS DE FIN D'ANNÉE DE CE1 EN MATHÉMATIQUES

I. NOMBRES ET CALCULS 121

II. GRANDEURS ET MESURES 126

III. ESPACE ET GÉOMÉTRIE 131

I. NOMBRES ET CALCULS

A. Comprendre et utiliser des nombres entiers pour dénombrer, ordonner, repérer, comparer (pour des nombres inférieurs ou égaux à 1000)

Ce que sait faire l'élève

- Il dénombre des collections en les organisant.
- Il comprend la notion de centaine.
- Il compare, encadre, intercale des nombres entiers en utilisant les symboles =, < et >.
- Il ordonne des nombres dans l'ordre croissant ou décroissant.
- Il comprend et sait utiliser les expressions : égal à, supérieur à, inférieur à.
- Il place des nombres sur un axe ou nomme le nombre identifié sur un axe.
- Il repère un rang ou une position dans une file ou dans une liste d'objets ou de personnes, le nombre d'objets ou de personnes étant inférieur à 1 000.
- Il fait le lien entre le rang dans une liste et le nombre d'éléments qui le précèdent pour des nombres inférieurs à 1 000.
- Il différencie le chiffre des centaines, le chiffre des dizaines et le chiffre des unités.

EXEMPLES DE RÉUSSITE

- À partir d'un cardinal donné, et en utilisant du matériel adapté (par exemple, unités, barres de 10, plaques de 100), il constitue des collections ayant ce cardinal.
- Pour un nombre entre 1 et 985, il est capable à l'oral et sans étayage, de donner dans l'ordre les 15 nombres qui suivent.

B. Nommer, lire, écrire, représenter des nombres entiers (pour des nombres inférieurs ou égaux à 1000)

Ce que sait faire l'élève

- Il dit, à l'oral ou à l'écrit, la suite des nombres à partir d'un nombre donné.
- Il lit un nombre écrit en chiffres.
- Il lit un nombre en lettres.
- Il écrit en chiffres et en lettres des nombres dictés.
- Il connaît et utilise les diverses représentations d'un nombre (écriture en chiffres, en lettres, noms à l'oral, décompositions additives c/d/u, produit, somme de termes égaux…) et il passe de l'une à l'autre.
- Il connaît la valeur des chiffres en fonction de leur position (unités, dizaines, centaines).
- Il connaît et utilise la relation entre unités et dizaines, entre unités et centaines, entre dizaines et centaines.
- Il identifie la parité d'un nombre (pair/impair).

EXEMPLES DE RÉUSSITE

- Il écrit en chiffres n'importe quel nombre de 0 à 1 000.
- Il écrit en lettres n'importe quel nombre jusqu'à 1 000.

C. Résoudre des problèmes en utilisant des nombres entiers et le calcul (les nombres sont inférieurs à 1000)

Ce que sait faire l'élève

- Il résout des problèmes du champ additif (addition et soustraction) en une ou deux étapes.
- Il modélise ces problèmes à l'aide de schémas ou d'écritures mathématiques.
- Il connaît le sens des signes - et +.

- Il résout des problèmes du champ multiplicatif (itération d'addition).
- Il connaît le sens du signe ×.
- Il résout des problèmes multiplicatifs qui mettent en jeu un produit.
- Il résout des problèmes à deux étapes mixant additions, soustractions et/ou multiplications.
- Il résout des problèmes de partage (ceux où l'on cherche combien de fois une grandeur contient une autre grandeur, ceux où l'on partage une grandeur en un nombre donné de grandeurs).

EXEMPLES DE RÉUSSITE

Exemples de problèmes du champ additif en une étape

- Dans le train, il y a 125 passagers dans le premier wagon, 37 passagers dans le deuxième wagon et 8 dans le troisième wagon.
  Combien y a-t-il de passagers au total dans ce train ?
- Dans mes deux coffres, j'ai 227 billes. J'en ai 113 dans mon coffre vert. Combien en ai-je dans mon coffre rouge ?

D. Calculer avec des nombres entiers (les nombres en jeu sont tous inférieurs ou égaux à 1000)

FAITS NUMÉRIQUES MÉMORISÉS UTILES POUR TOUS LES TYPES DE CALCUL

Ce que sait faire l'élève

- Il connaît les compléments à la dizaine supérieure.
- Il connaît les compléments à 100 des dizaines entières.
- Il sait retrouver rapidement les compléments à la centaine supérieure.
- Il sait multiplier par 10 un nombre inférieur à 100.
- Il connaît les doubles de nombres d'usage courant (nombres de 1 à 15, 25, 30, 40, 50 et 100).
- Il connaît les moitiés de nombres pairs d'usage courant (nombres pairs de 1 à 30, 40, 50 et 100).
- Il connaît les tables d'addition.

- Il connaît les tables de multiplication par 2, 3, 4 et 5.
- Il connaît et sait utiliser la propriété de commutativité de l'addition et de la multiplication.

EXEMPLES DE RÉUSSITE

Réponse immédiate, oralement ou par écrit
- Combien faut-il ajouter à 60 pour avoir 100 ?
- Combien faut-il ajouter à 67 pour avoir 70 ?

PROCÉDURES DE CALCUL MENTAL

Ce que sait faire l'élève

- Il sait retrouver rapidement les compléments à la dizaine supérieure.
- Il sait trouver rapidement les compléments à la centaine supérieure.
- Il calcule mentalement des sommes, des différences et des produits.
- Il utilise des procédures et des propriétés : mettre le plus grand nombre en premier, changer l'ordre des termes d'une somme et d'une multiplication, décomposer additivement un des termes pour calculer plus facilement, associer différemment les termes d'une somme et d'une multiplication.
- Il sait multiplier par 10 un nombre inférieur à 100.
- Il estime un ordre de grandeur pour vérifier la vraisemblance d'un résultat.

EXEMPLES DE RÉUSSITE

Les calculs à effectuer sont dits oralement ou écrits (au tableau ou sur une feuille) ; les résultats sont donnés oralement ou écrits sur l'ardoise ou sur le cahier.

- Il calcule mentalement :
  - des sommes de deux nombres inférieurs à 100, sans retenue entre les unités et les dizaines : 23 + 46 ; 64 + 62 ;
  - des sommes d'un nombre ayant au plus trois chiffres et d'un nombre ayant un seul chiffre non nul : 34 + 8 ; 324 + 7 ; 63 + 20 ; 657 + 50 ; 452 + 300.
- Il soustrait un nombre à un chiffre à un nombre à 2 chiffres, lorsqu'il y a franchissement de la dizaine, comme : 13 - 6 ; 24 - 7.

CALCUL EN LIGNE

Ce que sait faire l'élève

- Mêmes compétences que pour le calcul mental mais avec le support de l'écrit, ce qui permet de proposer des nombres plus grands ou des retenues.

EXEMPLES DE RÉUSSITE

- Il calcule en ligne la somme de deux nombres inférieurs à 100.
- Il ajoute 9, 19 ou 29 à un nombre à deux ou trois chiffres. Il soustrait un nombre à un ou deux chiffres à un nombre à trois chiffres : 413 - 6 ; 274 - 27...

CALCUL POSÉ

Ce que sait faire l'élève

- Il pose et calcule des additions en colonnes.
- Il pose et calcule des soustractions en colonnes.

EXEMPLES DE RÉUSSITE

- Avec des nombres donnés (à un, deux ou trois chiffres, deux ou trois nombres), il sait poser l'addition (unités sous unités, dizaines sous dizaines, centaines sous centaines) et la calculer.
- Avec deux nombres donnés (à un, deux ou trois chiffres), il sait poser la soustraction (unités sous unités, dizaines sous dizaines, centaines sous centaines) et la calculer.

II. GRANDEURS ET MESURES

A. Comparer, estimer, mesurer des longueurs, des masses, des contenances, des durées Utiliser le lexique, les unités, les instruments de mesures spécifiques de ces grandeurs

▎LONGUEURS

Ce que sait faire l'élève

- Il compare des segments selon leur longueur.
- Il reproduit des segments en les mesurant en dm et/ou cm entiers.
- Il trace des segments de longueur donnée, en dm et/ou cm entiers en utilisant une règle graduée.
- Il mesure des segments en utilisant une règle graduée, en dm et/ou cm entiers.
- Il mesure des longueurs avec des instruments de mesure (le mètre ruban).
- Il sait que le cm, le dm, le m et le km mesurent des longueurs.
- Il s'approprie quelques longueurs de référence (1 cm, 10 cm, 20 cm, 1 m, 1 dm, 2 dm, 1 km… distance école/maison, école/lieu de vacances…).
- Il choisit l'unité de longueur (cm, dm, m ou km) correspondant le mieux pour exprimer une longueur.
- Il estime un ordre de grandeur des objets du quotidien entre le cm, le m et le km.
- Il connaît les relations entre cm, dm et m.
- Il utilise le lexique spécifique associé aux longueurs :
  - plus long, plus court, plus près, plus loin, double, moitié ;
  - règle graduée ;
  - cm, dm, m, km.

EXEMPLES DE RÉUSSITE

Les situations s'appuient toutes sur des manipulations.

- Il compare et range des baguettes, des bandelettes, des objets adaptés selon leur longueur.
- Il mesure des longueurs en nombres entiers d'unité avec une règle graduée (en dm et cm).

MASSES

Ce que sait faire l'élève

- Il compare des objets selon leur masse, en soupesant (si les masses sont suffisamment distinctes) ou en utilisant une balance de type Roberval.
- Il sait que le g et le kg mesurent des masses.
- Il choisit l'unité de masse (g ou kg) correspondant le mieux pour exprimer une masse.
- Il estime un ordre de grandeur des objets du quotidien en utilisant le g ou le kg (un trombone pour le g, un paquet de sucre pour le kg par exemple).
- Il pèse des objets en g ou kg (balance type Roberval, balance digitale…).
- Il connaît les relations entre kg et g.
- Il utilise le lexique spécifique associé aux masses :
  - plus lourd, moins lourd, plus léger ;
  - balance ;
  - g et kg.

EXEMPLES DE RÉUSSITE

Les situations s'appuient toutes sur des manipulations.
- Il sait identifier l'objet le plus léger (ou le plus lourd) parmi 2 ou 3 objets de volume comparable en les soupesant ou en utilisant une balance.
- Il compare des masses par comparaison directe et indirecte à l'aide d'une balance.

CONTENANCES

Ce que sait faire l'élève

- Il compare des objets selon leur contenance, en transvasant.

- Il utilise le litre pour mesurer des contenances.
- Il sait que le L mesure des contenances.

EXEMPLES DE RÉUSSITE

- **Il sait identifier l'objet ayant la plus grande (ou la plus faible) contenance parmi 2 ou 3 récipients par transvasements.**
- **Il mesure des contenances en L.**

DATES ET DURÉES

Travail mené en lien avec Questionner le monde.

Ce que sait faire l'élève

- Il lit des horaires sur une horloge à aiguilles en heures entières et en heures et demi-heure.
- Il positionne les aiguilles d'une horloge, l'horaire lui étant donné, en heures entières et en heures et demi-heure.
- Il utilise le lexique spécifique associé aux dates et durées :
  - plus long, plus court, avant, après, plus tôt, plus tard ;
  - horloge, montre, aiguille ;
  - jour, semaine, mois, année, heure, minute.
- Il connaît les unités de mesure de durées et certaines de leurs relations : jour/semaine, jour/mois, mois/année, jour/heure, heure/minute.
- Il utilise des repères temporels pour situer des événements dans le temps : *d'abord, ensuite, puis, enfin*.

EXEMPLES DE RÉUSSITE

- **Il sait qu'il y a 60 minutes dans une heure, 24 heures dans une journée, 7 jours dans la semaine, 28, 29, 30 ou 31 jours dans le mois, douze mois dans l'année.**
- **Il lit les heures demandées (3 heures, 8 heures et demie, 9 heures, dix heures trente, midi) à partir de deux types de supports : l'affichage analogique sur un cadran à aiguilles (horloge ou montre traditionnelle) et l'affichage digital.**

B. Résoudre des problèmes impliquant des longueurs, des masses, des contenances, des durées, des prix

Ce que sait faire l'élève

Les opérations sur les grandeurs sont menées en lien avec l'avancée des opérations sur les nombres, de la connaissance des unités et des relations entre elles.

- Il résout des problèmes en une ou deux étapes impliquant des longueurs, des masses, des contenances, des durées ou des prix :
  - problèmes impliquant des manipulations de monnaie ;
  - problèmes du champ additif ;
  - problèmes multiplicatifs (addition réitérée) ;
  - problèmes de durées ;
  - problèmes de partage.
- Il mobilise le lexique suivant : le double, la moitié.
- Il utilise le lexique spécifique associé aux prix :
  - plus cher, moins cher ;
  - rendre la monnaie ;
  - billet, pièce, somme ;
  - euros, centimes d'euro.
- Il connaît la relation entre centime d'euro et euro.

EXEMPLES DE RÉUSSITE

Problèmes impliquant des manipulations de monnaie (notamment dans des situations de jeu)

- Utilise les pièces et les billets à ta disposition pour représenter la somme d'argent nécessaire pour acheter un livre qui coûte 43 € 25 c (éventuellement avec le moins de pièces et de billets possible).
- Calcule la somme constituée par 4 billets de 10 €, 4 billets de 5 €, 3 pièces de 2 €, 4 pièces de 20 c et 2 pièces de 2 c.

III. ESPACE ET GÉOMÉTRIE

A. (Se) repérer et (se) déplacer en utilisant des repères et des représentations

Ce que sait faire l'élève

- Il situe, les uns par rapport aux autres, des objets ou des personnes qui se trouvent dans la classe ou dans l'école en utilisant un vocabulaire spatial précis : à gauche, à droite, sur, sous, entre, devant, derrière, au-dessus, en dessous, près, loin, premier plan, second plan, nord, sud, est, ouest.
- Il utilise ou il produit une suite d'instructions qui codent un déplacement sur un tapis quadrillé, dans la classe ou dans l'école en utilisant un vocabulaire spatial précis : avancer, reculer, tourner à droite, tourner à gauche, monter, descendre.
- Il produit des représentations des espaces familiers (école, espaces proches de l'école, quartier, village) et moins familiers (vécus lors de sorties).

EXEMPLES DE RÉUSSITE

En lien avec Questionner le monde.

- Il décrit sa position ou celle d'un objet dans la classe, sur une photo, un tableau, un plan de façon suffisamment précise.
- Il sait retrouver un objet ou un élève dont la position dans la classe, sur une photo, un tableau, un plan a été décrite.

B. Reconnaître, nommer, décrire, reproduire quelques solides

Ce que sait faire l'élève

- Il reconnaît les solides usuels suivants : cube, boule, cône, pyramide, pavé droit.
- Il nomme : cube, boule, cône, pyramide, pavé droit.
- Il décrit : cube, pyramide, pavé droit en utilisant les termes face, sommet et arête.
- Il sait que les faces d'un cube sont des carrés.
- Il sait que les faces d'un pavé droit sont des carrés ou des rectangles.
- Il fabrique un cube à partir de carrés, de tiges que l'on peut assembler, d'un patron.

EXEMPLES DE RÉUSSITE

- **Des solides lui étant donnés, il sait identifier lesquels sont des pyramides (ou des boules, des cubes, des pavés droits, des cônes).**
- **Un pavé, un cube ou une pyramide lui étant donné, il sait le nommer et le justifier en décrivant ses faces (carrés, rectangles, triangles), ses sommets et ses arêtes.**

C. Reconnaître, nommer, décrire, reproduire, construire quelques figures géométriques
Reconnaître et utiliser les notions d'alignement, d'angle droit, d'égalité de longueurs, de milieu, de symétrie

Ce que sait faire l'élève

- Il reconnaît les figures usuelles suivantes : carré, rectangle, triangle et cercle.
- Il repère des figures simples dans un assemblage, dans son environnement proche ou sur des photos.

- Il utilise le vocabulaire approprié :
  - polygone, côté, sommet, angle droit ;
  - cercle, centre ;
  - segment, milieu d'un segment, droite.
- Il nomme le cercle, le carré, le rectangle, le triangle, le triangle rectangle et le cercle.
- Il décrit le carré, le rectangle, le triangle et le triangle rectangle en utilisant un vocabulaire approprié.
- Il connaît les propriétés des angles et des égalités de longueur pour les carrés et les rectangles.
- Il reproduit un carré, un rectangle, un triangle, un triangle rectangle et un cercle ou des assemblages de ces figures sur du papier quadrillé ou pointé ou uni, avec une règle graduée, une équerre, et un compas.
- Il fait le lien entre propriétés géométriques et instruments de tracés : angle droit/équerre, cercle/compas.
- Il utilise la règle, l'équerre et le compas comme instruments de tracé.
- Il repère et reproduit des angles droits.
- Il reporte une longueur sur une droite déjà tracée en utilisant la règle graduée.
- Il trouve le milieu d'un segment en utilisant la règle graduée.
- Il reconnaît si une figure présente un axe de symétrie en utilisant du papier-calque, des découpages et des pliages.
- Il reconnaît dans son environnement des situations modélisables par la symétrie (papillons, bâtiments).
- Il complète, sur une feuille quadrillée ou pointée, une figure simple pour qu'elle soit symétrique par rapport à un axe donné.

EXEMPLES DE RÉUSSITE

- **Il sait reconnaître un polygone.**
- **Un ensemble de figures planes lui étant donné (pièces de Tangram, figures découpées…), il sait identifier lesquelles sont des cercles, des carrés, des rectangles, des triangles ou des triangles rectangles.**

ATTENDUS DE FIN D'ANNÉE DE CE2 EN MATHÉMATIQUES

I. NOMBRES ET CALCULS 135
II. GRANDEURS ET MESURES 141
III. ESPACE ET GÉOMÉTRIE 146

I. NOMBRES ET CALCULS

A. Comprendre et utiliser des nombres entiers pour dénombrer, ordonner, repérer, comparer (pour des nombres inférieurs ou égaux à 10 000)

Ce que sait faire l'élève

- Il dénombre des collections en les organisant.
- Il compare, encadre, intercale des nombres entiers en utilisant les symboles (=, <, >).
- Il ordonne des nombres dans l'ordre croissant ou décroissant.
- Il comprend et sait utiliser à bon escient les expressions : *égal à*, *supérieur à*, *inférieur à*.
- Il place des nombres sur un axe ou nomme le nombre identifié sur un axe.
- Il repère un rang ou une position dans une file ou dans une liste d'objets ou de personnes, le nombre d'objets ou de personnes étant inférieur à 10 000.
- Il fait le lien entre le rang dans une liste et le nombre d'éléments qui le précèdent pour des nombres inférieurs à 10 000.
- Il différencie le chiffre des milliers, le chiffre des centaines, le chiffre des dizaines et le chiffre des unités.
- Il comprend la notion de millier.

EXEMPLES DE RÉUSSITE

- À partir d'un cardinal donné, et en utilisant du matériel adapté (par exemple, unités, barres de 10, plaques de 100 et cubes de 1 000), il constitue des collections ayant ce cardinal.
- Pour un nombre entre 1 et 9 985, il est capable à l'oral et sans étayage, de donner dans l'ordre les 15 nombres qui suivent.

B. Nommer, lire, écrire, représenter des nombres entiers (pour des nombres inférieurs ou égaux à 10 000)

Ce que sait faire l'élève

- Il dit, à l'oral ou à l'écrit, la suite des nombres à partir de 0 ou d'un nombre donné.
- Il lit un nombre écrit en chiffres.
- Il lit un nombre en lettres.
- Il écrit en chiffres et en lettres des nombres dictés.
- Il connaît et utilise les diverses représentations d'un nombre (écriture en chiffres, en lettres, noms à l'oral, décompositions additives m/c/d/u, produit, somme de termes égaux…) et il passe de l'une à l'autre.
- Il connaît la valeur des chiffres en fonction de leur position (unités, dizaines, centaines, milliers).
- Il connaît et utilise la relation entre unités et dizaines, entre unités et centaines, entre dizaines et centaines, entre centaines et milliers, entre unités et milliers, entre dizaines et milliers.
- Il identifie la parité d'un nombre (pair/impair).

EXEMPLES DE RÉUSSITE

- Il écrit en chiffres les nombres de 0 à 10 000.
- Il écrit en lettres les nombres jusqu'à 10 000.

C. Résoudre des problèmes en utilisant des nombres entiers et le calcul (les nombres sont inférieurs à 10 000)

Ce que sait faire l'élève

- Il résout des problèmes du champ additif et/ou multiplicatif en une, deux ou trois étapes.

- Il modélise ces problèmes à l'aide de schémas ou d'écritures mathématiques.
- Il connaît le sens des signes –, +, x et :
- Il résout des problèmes de partage et de groupement (ceux où l'on cherche combien de fois une grandeur contient une autre grandeur, ceux où l'on partage une grandeur en un nombre donné de grandeurs).
- Il résout des problèmes nécessitant l'exploration d'un tableau ou d'un graphique.

EXEMPLES DE RÉUSSITE

Exemples de problèmes du champ additif en une étape

- **Trois avions se sont posés à l'aéroport : il y avait 825 passagers dans le premier avion, 237 passagers dans le deuxième avion et 358 dans le troisième avion.
Combien de passagers au total ont-ils débarqué ?**
- **Léa a 4 530 euros sur son compte en banque. Elle achète une tablette à 538 euros.
Combien lui reste-t-il ?**

D. Calculer avec des nombres entiers (les nombres en jeu sont tous inférieurs ou égaux à 10 000)

FAITS NUMÉRIQUES MÉMORISÉS UTILES POUR TOUS LES TYPES DE CALCUL

Ce que sait faire l'élève

- Il connaît les doubles de nombres d'usage courant (nombres de 1 à 20, 25, 30, 40, 50, 60 et 100).
- Il connaît les moitiés de nombres pairs d'usage courant (nombres pairs de 1 à 40, 50, 60 et 100).
- Il connaît les tables d'addition.
- Il connaît les tables de multiplication de 2 à 9. Il connaît et utilise la propriété de la commutativité de l'addition et de la multiplication.

EXEMPLES DE RÉUSSITE

Réponse immédiate, oralement ou par écrit

- Il sait répondre à des questions comme 6 + 7 = ?, 7 + ? = 12 (résultats des tables d'addition de 1 à 10).
- Il sait répondre à des questions comme 8 fois 7 égal ..., 56, c'est 7 fois ..., 56, c'est 8 fois ...

PROCÉDURES DE CALCUL MENTAL

Ce que sait faire l'élève

- Il sait trouver rapidement les compléments à 100 et à 1 000.
- Il sait trouver rapidement les compléments à la dizaine supérieure, à la centaine supérieure et au millier supérieur.
- Il calcule mentalement des sommes, des différences et des produits.
- Il utilise des procédures et des propriétés : changer l'ordre des termes d'une somme et d'une multiplication, décomposer additivement un des termes pour calculer plus facilement, associer différemment les termes d'une somme ou d'une multiplication.
- Il sait multiplier un nombre par 10 ou par 100.
- Il sait obtenir le quotient et le reste d'une division euclidienne par un nombre à 1 chiffre et par des nombres comme 10, 25, 50, 100.
- Il estime un ordre de grandeur pour vérifier la vraisemblance d'un résultat.

EXEMPLES DE RÉUSSITE

Les calculs à effectuer sont dits oralement ou écrits (au tableau ou sur une feuille); les résultats sont donnés oralement ou écrits sur l'ardoise ou sur le cahier.

- Il sait répondre à des questions comme : Combien faut-il ajouter à 600 pour avoir 1 000 ? (complément à 1 000 pour des centaines entières).
- Il calcule mentalement :
  - toute somme de deux termes dont le résultat est inférieur à 100, comme : 9 + 32 ; 20 + 50 ; 21 + 45 ; 25 + 36 ;
  - des sommes de deux nombres inférieurs à 100, sans retenue entre les unités et les dizaines : 83 + 46 ; 64 + 62 ;

- des sommes d'un nombre ayant au plus quatre chiffres et d'un nombre ayant un seul chiffre non nul :
  347 + 8 ; 3 204 + 70 ; 613 + 20 ; 2 657 + 500 ; 3 452 + 3 000 ;
- des sommes d'un nombre ayant au plus quatre chiffres et de 9 ou 19 : 347 + 9 ; 3 204 + 19.

CALCUL EN LIGNE

Ce que sait faire l'élève

- Mêmes compétences que pour le calcul mental mais avec le support de l'écrit, ce qui permet de proposer des nombres plus grands ou des retenues.

EXEMPLES DE RÉUSSITE

- Il calcule la somme de deux nombres inférieurs à 1 000.
- Il ajoute 9, 19, 29 ou 39 à un nombre à deux, trois ou quatre chiffres.

CALCUL POSÉ

Ce que sait faire l'élève

- Il pose et calcule des additions en colonnes.
- Il pose et calcule des soustractions en colonnes.
- Il pose et calcule des multiplications d'un nombre à deux ou trois chiffres par un nombre à un ou deux chiffres.

EXEMPLES DE RÉUSSITE

- Avec des nombres donnés (à un, deux, trois ou quatre chiffres, deux ou trois nombres), il sait poser l'addition (unités sous unités, dizaines sous dizaines, centaines sous centaines, milliers sous milliers) et la calculer.
- Avec deux nombres donnés (à un, deux, trois ou quatre chiffres), il sait poser la soustraction (unités sous unités, dizaines sous dizaines, centaines sous centaines) et la calculer.

II. GRANDEURS ET MESURES

A. Comparer, estimer, mesurer des longueurs, des masses, des contenances, des durées Utiliser le lexique, les unités, les instruments de mesures spécifiques de ces grandeurs

LONGUEURS

Ce que sait faire l'élève

- Il compare des segments selon leur longueur.
- Il sait que le mm, le cm, le dm, le m et le km mesurent des longueurs.
- Il reproduit des segments en les mesurant en dm, en cm et/ou en mm entiers.
- Il trace des segments de longueur donnée, dm, en cm et/ou en mm entiers en utilisant une règle graduée.
- Il mesure des segments en utilisant une règle graduée, dm, en cm et/ou en mm entiers.
- Il mesure des longueurs avec des instruments de mesure (le mètre ruban).
- Il s'approprie quelques longueurs de référence (1 mm, 5 mm, 1 cm, 10 cm, 20 cm, 1 m, 1 dm, 2 dm, 1 km… distance école/maison, école/vacances, distance entre deux lignes d'un cahier…).
- Il choisit l'unité de longueur (mm, cm, dm, m ou km) correspondant le mieux pour exprimer une longueur.
- Il estime un ordre de grandeur des objets du quotidien entre le mm, cm, le m et le km.
- Il connaît les relations entre mm, cm, dm, m et entre m, km.

- Il utilise le lexique spécifique associé aux longueurs :
  - plus long, plus court, plus près, plus loin, double, moitié ;
  - règle graduée ;
  - mm, cm, dm, m, km.

EXEMPLES DE RÉUSSITE

Les situations s'appuient toutes sur des manipulations.
- Il compare et il range des baguettes, des bandelettes, des objets adaptés selon leur longueur.
- Il mesure des longueurs en nombres entiers d'unité avec une règle graduée (en dm, cm et mm).

MASSES

Ce que sait faire l'élève

- Il compare des objets selon leur masse, en soupesant (si les masses sont suffisamment distinctes) ou en utilisant une balance de type Roberval.
- Il choisit l'unité de masse (g ou kg ou t) correspondant le mieux pour exprimer une masse.
- Il estime un ordre de grandeur des objets du quotidien en utilisant le g ou le kg (un trombone pour le g, un paquet de sucre pour le kg par exemple).
- Il pèse des objets en g ou kg (balance type Roberval, balance digitale…).
- Il sait que le g, le kg et la t mesurent des masses.
- Il connaît les relations entre t, kg et g.
- Il utilise le lexique spécifique associé aux masses :
  - plus lourd, moins lourd, plus léger ;
  - balance ;
  - t, g et kg.

EXEMPLES DE RÉUSSITE

Les situations s'appuient toutes sur des manipulations.
- Il sait identifier l'objet le plus léger (ou le plus lourd) parmi 2 ou 3 objets de volume comparable en les soupesant ou en utilisant une balance.

- Il compare des masses par comparaison directe et indirecte à l'aide d'une balance.

CONTENANCES

Ce que sait faire l'élève

- Il compare des objets selon leur contenance, en transvasant.
- Il sait que le L, le dL et le cL mesurent des contenances.
- Il utilise le litre (L), le décilitre (dL) et le centilitre (cL) pour mesurer des contenances.
- Il connaît les relations entre L, dL et cL.

EXEMPLES DE RÉUSSITE

- Il sait identifier l'objet ayant la plus grande (ou la plus faible) contenance parmi 2 ou 3 récipients par des transvasements.
- Il mesure des contenances en L, dL et cL.

DATES ET DURÉES

Travail mené en lien avec Questionner le monde.

Ce que sait faire l'élève

- Il lit des horaires sur une horloge à aiguilles en heures entières et en heures, demi-heure et quart d'heure.
- Il positionne les aiguilles d'une horloge, l'horaire lui étant donné, en heures entières et en heures, demi-heure et quart d'heure.
- Il utilise le lexique spécifique associé aux dates et durées :
    - plus long, plus court, avant, après, plus tôt, plus tard ;
    - horloge, montre, aiguille ;
    - millénaire, siècle, année, jour, semaine, mois, année, heure, minute, seconde.
- Il connaît les unités de mesure de durées et certaines de leurs relations : jour/semaine, jour/mois, mois/année/siècle/millénaire, jour/heure, heure/minute, minute/seconde.
- Il utilise des repères temporels pour situer des événements dans le temps : *d'abord*, *ensuite*, *puis*, *enfin*…

EXEMPLES DE RÉUSSITE

- Il sait qu'il y a 60 minutes dans une heure, 24 heures dans une journée, 7 jours dans la semaine, 28, 29, 30 ou 31 jours dans le mois, douze mois dans l'année, 100 années dans un siècle et 10 siècles dans un millénaire.
- Il lit les heures demandées (8 heures et demie, 9 heures, dix heures trente, sept heures et quart ou 7 h 15, quatre heures moins vingt ou 15 h 40, midi) à partir de deux types de supports : l'affichage analogique sur un cadran à aiguilles (horloge ou montre traditionnelle) et un affichage digital.

B. Résoudre des problèmes impliquant des longueurs, des masses, des contenances, des durées, des prix

Ce que sait faire l'élève

Les opérations sur les grandeurs sont menées en lien avec l'avancée des opérations sur les nombres, de la connaissance des unités et des relations entre elles.

- Il résout des problèmes en une ou deux étapes impliquant des longueurs, des masses, des contenances, des durées ou des prix :
  - problèmes impliquant des manipulations de monnaie ;
  - problèmes du champ additif ;
  - problèmes multiplicatifs (addition réitérée) ;
  - problèmes de durées ;
  - problèmes de partage.
- Il mobilise le lexique suivant : le double, la moitié.
- Il utilise le lexique spécifique associé aux prix :
  - plus cher, moins cher ;
  - rendre la monnaie ;
  - billet, pièce, somme ;
  - euros, centimes d'euro.
- Il connaît la relation entre centime d'euro et euro.

EXEMPLES DE RÉUSSITE

Problèmes impliquant des manipulations de monnaie (notamment dans des situations de jeu).

- Utilise les pièces et les billets à ta disposition pour représenter la somme d'argent nécessaire pour acheter un livre qui coûte 243 € 25 c (éventuellement avec le moins de pièces et de billets possible).
- Calcule la somme constituée par 3 billets de 50 €, 2 billets de 20 €, 4 billets de 10 €, 4 billets de 5 €, 3 pièces de 2 €, 5 pièces de 50 c, 4 pièces de 20 c et 2 pièces de 2 c.

III. ESPACE ET GÉOMÉTRIE

A. (Se) repérer et (se) déplacer en utilisant des repères et des représentations

Ce que sait faire l'élève

- Il situe les uns par rapport aux autres des objets ou des personnes qui se trouvent dans la classe ou dans l'école en utilisant un vocabulaire spatial précis : « à gauche », « à droite », « sur », « sous », « entre », « devant », « derrière », « au-dessus », « en dessous », « près », « loin », « premier plan », « second plan », « nord », « sud », « est », « ouest ».
- Il utilise ou il produit une suite d'instructions qui codent un déplacement sur un tapis quadrillé, dans la classe ou dans l'école en utilisant un vocabulaire spatial précis : « avancer », « reculer », « tourner à droite », « tourner à gauche », « monter », « descendre ».
- Il produit des représentations des espaces familiers (école, espaces proches du quartier ou du village) et moins familiers (vécus lors de sorties).

EXEMPLES DE RÉUSSITE

En lien avec Questionner le monde.

- Il décrit sa position ou celle d'un objet dans la classe, sur une photo, un tableau, un plan de façon suffisamment précise.
- Il sait retrouver un objet ou un élève dont la position dans la classe, sur une photo, un tableau, un plan a été décrite.

B. Reconnaître, nommer, décrire, reproduire quelques solides

Ce que sait faire l'élève

- Il nomme et décrit les solides usuels suivants : cube, boule, cône, pyramide, cylindre, pavé droit.

- ☐ Il nomme : cube, boule, cône, pyramide, cylindre, pavé droit.
- ☐ Il décrit : cube, pyramide, pavé droit en utilisant les termes face, sommet et arête.
- ☐ Il sait que les faces d'un cube sont des carrés.
- ☐ Il sait que les faces d'un pavé droit sont des carrés ou des rectangles.
- ☐ Il fabrique un cube à partir de carrés, de tiges que l'on peut assembler.
- ☐ Il approche la notion de patron d'un cube.

EXEMPLES DE RÉUSSITE

- Un ensemble de solides lui étant donné, il sait nommer et décrire lesquels sont des pyramides (ou des boules, des cubes, des cylindres, des pavés droits, des cônes).
- Un pavé, un cube ou une pyramide lui étant donné, il sait le nommer et le justifier en décrivant ses faces (carrés, rectangles, triangles), ses sommets et ses arêtes.

C. Reconnaître, nommer, décrire, reproduire, construire quelques figures géométriques
Reconnaître et utiliser les notions d'alignement, d'angle droit, d'égalité de longueur, de milieu, de symétrie

Ce que sait faire l'élève

- ☐ Il reconnaît les figures usuelles suivantes : carré, rectangle, triangle et cercle.
- ☐ Il repère des figures simples dans un assemblage, dans son environnement proche ou sur des photos.
- ☐ Il utilise le vocabulaire approprié :
   - polygone, côté, sommet, angle droit ;
   - cercle, centre ;
   - segment, milieu d'un segment, droite.
- ☐ Il nomme le cercle, le carré, le rectangle, le triangle, le triangle rectangle et le cercle.

- Il décrit le carré, le rectangle, le triangle et le triangle rectangle en utilisant un vocabulaire approprié.
- Il connaît les propriétés des angles et des égalités de longueur pour les carrés et les rectangles.
- Il reproduit un carré, un rectangle, un triangle, un triangle rectangle et un cercle ou des assemblages de ces figures sur tout support (papier quadrillé ou pointé ou uni ou autre), avec une règle graduée, une équerre, et un compas.
- Il fait le lien entre propriétés géométriques et instruments de tracés : angle droit/équerre, cercle/compas.
- Il utilise la règle, l'équerre et le compas comme instruments de tracé.
- Il repère et reproduit des angles droits.
- Il reporte une longueur sur une droite déjà tracée en utilisant la règle graduée ou le compas.
- Il trouve le milieu d'un segment en utilisant la règle graduée.
- Il reconnaît si une figure présente un axe de symétrie en utilisant du papier-calque, des découpages et des pliages.
- Il reconnaît dans son environnement des situations modélisables par la symétrie (papillons, bâtiments).
- Il complète, sur une feuille quadrillée ou pointée, une figure pour qu'elle soit symétrique par rapport à un axe donné.

EXEMPLES DE RÉUSSITE

- Il sait définir un polygone.
- Un ensemble de figures planes lui étant donné (pièces de Tangram, figures découpées…), il sait identifier lesquelles sont des cercles, des carrés, des rectangles, des triangles ou des triangles rectangles.

2. LES MATHÉMATIQUES
CM1, CM2, 6ᵉ (CYCLE 3)

INTRODUCTION

Dans la continuité des cycles précédents, le **cycle 3** assure la poursuite du développement des **six compétences majeures des mathématiques** :
- chercher,
- modéliser,
- représenter,
- calculer,
- raisonner,
- et communiquer.

La **résolution de problèmes** constitue le critère principal de la maîtrise des connaissances dans tous les domaines des mathématiques, mais elle est également le moyen d'en assurer une appropriation qui en garantit le sens. Si la modélisation algébrique relève avant tout du cycle 4 et du lycée, la résolution de problèmes permet déjà de montrer comment des notions mathématiques peuvent être des outils pertinents pour résoudre certaines situations.

Les situations sur lesquelles portent **les problèmes sont, le plus souvent, issues de la vie de classe, de la vie courante ou d'autres enseignements**, ce qui contribue à renforcer le lien entre les mathématiques et les autres disciplines. Les élèves rencontrent également des **problèmes issus d'un contexte interne aux mathématiques**. La mise en perspective historique de certaines connaissances (numération de position, apparition des nombres décimaux, du système métrique, etc.) contribue à enrichir la culture scientifique des élèves. On veille aussi à proposer aux élèves des problèmes pour apprendre à chercher qui ne soient pas directement reliés à la notion en cours d'étude, qui ne comportent pas forcément une seule solution, qui ne se résolvent pas uniquement avec une ou plusieurs opérations, mais par un raisonnement et des recherches par tâtonnements.

Le cycle 3 vise à approfondir des notions mathématiques abordées au cycle 2, à en étendre le domaine d'étude, à consolider l'automatisation des techniques écrites de calcul introduites précédemment (**addition, soustraction et multiplication**) ainsi que les résultats et procédures de **calcul mental** du cycle 2, mais aussi à construire de nouvelles techniques de calcul écrites (division) et mentales, enfin à introduire des notions nouvelles comme les nombres décimaux, la proportionnalité ou l'étude de nouvelles grandeurs (aire, volume, angle notamment).

Les **activités géométriques** pratiquées au cycle 3 s'inscrivent dans la continuité de celles fréquentées au cycle 2. Elles s'en distinguent par une part plus grande accordée au raisonnement et à l'argumentation qui complètent la perception et l'usage des instruments. Elles sont aussi une occasion de fréquenter de nouvelles représentations de l'espace (patrons, perspectives, vues de face, de côté, de dessus, etc.).

En complément de **l'usage du papier, du crayon et de la manipulation d'objets concrets, les outils numériques sont progressivement introduits**. Ainsi, l'usage de logiciels de calcul et de numération permet d'approfondir les connaissances des propriétés des nombres et des opérations comme d'accroître la maîtrise de certaines techniques de calculs. De même, des activités géométriques peuvent être l'occasion d'amener les élèves à utiliser différents supports de travail: papier et crayon, mais aussi logiciels de géométrie dynamique, d'initiation à la programmation ou logiciels de visualisation de cartes, de plans, etc.

Les **grandeurs** font l'objet d'un enseignement structuré et explicite, une bonne connaissance des unités du système international de mesure étant visée. L'étude des **préfixes** des unités de mesure décimales, en lien avec les unités de numération, facilite la compréhension et l'apprentissage des unités de mesure de la plupart des grandeurs relevant du cycle 3.

Dans le prolongement du travail mené au cycle 2, l'institutionnalisation des savoirs dans un cahier de leçon est essentielle. L'introduction et l'utilisation des **symboles mathématiques** sont réalisées au fur et à mesure qu'ils prennent sens dans des situations basées sur des manipulations, en relation avec le vocabulaire utilisé, assurant une entrée progressive dans l'abstraction qui sera poursuivie au cycle 4. La verbalisation reposant sur une syntaxe et un lexique adaptés est encouragée et valorisée en toute situation et accompagne le recours à l'écrit.

ATTENDUS DE FIN D'ANNÉE DE CM1 EN MATHÉMATIQUES

I. NOMBRES ET CALCULS 153
II. GRANDEURS ET MESURES 160
III. ESPACE ET GÉOMÉTRIE 166

I. NOMBRES ET CALCULS

A. Utiliser et représenter les grands nombres entiers, des fractions simples, les nombres décimaux

LES NOMBRES ENTIERS

Ce que sait faire l'élève

- L'élève utilise et représente les grands nombres entiers :
  - il connaît les unités de la numération décimale pour les nombres entiers (unités simples, dizaines, centaines, milliers, millions, milliards) et les relations qui les lient ;
  - il comprend et applique les règles de la numération décimale de position aux grands nombres entiers (jusqu'à 12 chiffres).
- Il compare, range, encadre des grands nombres entiers, les repère et les place sur une demi-droite graduée adaptée.

EXEMPLES DE RÉUSSITE

- Il lit et écrit sous la dictée des nombres dont l'écriture chiffrée comporte ou non des zéros, comme 428 348, 420 048 ou 980 000.
- Il associe un nombre à différentes représentations.
  Par exemple il doit retrouver plusieurs décompositions qui font effectivement 47 475, comme :
  - $10\,000 \times 4 + 1\,000 \times 7 + 100 \times 4 + 10 \times 7 + 1 \times 5$
  - 47 milliers + 47 dizaines + 5 unités
  - 47 000 + 400 + 60 + 15
  - 4 700 dizaines + 475

FRACTIONS

Ce que sait faire l'élève

- L'élève utilise les fractions simples (comme $\frac{2}{3}, \frac{1}{4}, \frac{5}{2}$) dans le cadre de partage de grandeurs ou de mesures de grandeurs, et des fractions décimales ($\frac{1}{10}, \frac{1}{100}$); il fait le lien entre les formulations en langage courant et leur écriture mathématique (par exemple faire le lien entre «la moitié de» et $\frac{1}{2}$ dans l'expression «une demi-heure»).
- L'élève manipule des fractions jusqu'à $\frac{1}{1\,000}$.
- L'élève donne progressivement aux fractions le statut de nombre.
- Il connaît diverses désignations des fractions : orales, écrites et des décompositions additives et multiplicatives (par exemple : quatre tiers ; $\frac{4}{3}$; $\frac{1}{3} + \frac{1}{3} + \frac{1}{3}$; $1 + \frac{1}{3}$; $4 \times \frac{1}{3}$).
- Il les positionne sur une droite graduée.
- Il les encadre entre deux entiers consécutifs.
- Il écrit une fraction décimale sous forme de somme d'un entier et d'une fraction inférieure à 1.
- Il compare deux fractions de même dénominateur.
- Il ajoute des fractions décimales de même dénominateur.

EXEMPLES DE RÉUSSITE

- Il partage des figures ou des bandes de papier en $\frac{1}{2}, \frac{1}{3}, \frac{1}{4}, \frac{2}{3}, \frac{3}{4}$.
- Une unité d'aire étant donnée, il écrit sous forme de fraction des aires de surfaces données (supérieures ou inférieures à l'unité).

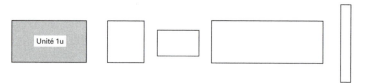

NOMBRES DÉCIMAUX

Ce que sait faire l'élève

- L'élève utilise les nombres décimaux.
- Il connaît les unités de la numération décimale (unités simples, dixièmes, centièmes) et les relations qui les lient.
- Il comprend et applique aux nombres décimaux les règles de la numération décimale de position (valeurs des chiffres en fonction de leur rang).
- Il connaît et utilise diverses désignations orales et écrites d'un nombre décimal (fractions décimales, écritures à virgule, décompositions additives et multiplicatives).
- Il utilise les nombres décimaux pour rendre compte de mesures de grandeurs. Il connaît le lien entre les unités de numération et les unités de mesure (par exemple : dixième → dm, dg, dL ; centième → cm, cg, cL, centimes d'euro).
- Il repère et place un nombre décimal sur une demi-droite graduée adaptée.
- Il compare, range des nombres décimaux.
- Il encadre un nombre décimal par deux nombres entiers.

EXEMPLES DE RÉUSSITE

- Il lit et écrit des nombres sous la dictée : des nombres de type 42,348 ; des nombres avec des zéros de type 40,048.
- Il place des nombres sur une bande numérique.

B. Calculer avec des nombres entiers et des nombres décimaux

Ce que sait faire l'élève

1. Calcul mental et calcul en ligne

- L'élève mémorise les premiers multiples de 25 et de 50.
- Il multiplie et divise par 10 des nombres décimaux.

- Il recherche le complément au nombre entier supérieur. Il stabilise sa connaissance des propriétés des opérations (exemple : 12 + 199 = 199 + 12 ; 45 × 21 = 45 × 20 + 45 ; 6 × 18 = 6 × 20 - 6 × 2).
- Il connaît les critères de divisibilité par 2, 5 et 10.
- Il vérifie la vraisemblance d'un résultat, notamment en estimant un ordre de grandeur.

2. Calcul posé

- Les élèves apprennent les algorithmes :
  - de l'addition, de la soustraction de deux nombres décimaux ;
  - de la division euclidienne de deux nombres entiers. Par exemple, dans la division euclidienne de 125 par 4, le quotient est 31 et le reste est 1.

EXEMPLES DE RÉUSSITE

La typologie de situations proposées est exploitable tant avec les nombres entiers qu'avec les nombres décimaux.

- **Il produit des suites de nombres de type**
  - 25 - 50 - 75 - … - … ;
  - 50 - 100 - 150 - … - …

  Il écrit tous les multiples de 25 compris entre 0 et 300. Il complète des tableaux de multiples.

- **Il calcule des produits ou des divisions de type**
  - 56 × 10 ;   45 × 10 ;   36 × 10 ;
  - 3,6 × 10 ;   3,06 × 10   ou 56 : 10 ;   3,06 : 10.

C. Résoudre des problèmes en utilisant des fractions simples, les nombres décimaux et le calcul

Ce que sait faire l'élève

- Dès le début du cycle, les problèmes proposés relèvent des quatre opérations. Ils font appel :
  - au sens des opérations ;
  - à des problèmes à une ou plusieurs étapes relevant des structures additives et/ou multiplicatives.

- La progressivité sur la résolution de problèmes combine notamment :
  - les nombres mis en jeu : entiers (tout au long du cycle) puis décimaux dès le CM1 sur des nombres très simples ;
  - le nombre d'étapes de raisonnement et de calcul que l'élève doit mettre en œuvre pour sa résolution ;
  - les supports proposés pour la prise d'informations : texte, tableau, représentations graphiques.
- La communication de la démarche prend différentes formes : langage naturel, schémas, opérations.

EXEMPLES DE RÉUSSITE

Exemples de problèmes additifs à une étape

- M. Durand entre dans un magasin où il achète une paire de chaussures à 87,55 euros. Il sort du magasin avec 24,25 euros. Avec combien d'argent M. Durand est-il entré dans le magasin ? (recherche d'un état initial).
- M. Durand a 125 euros en poche. Il entre dans un magasin et s'achète une paire de chaussures à 87,55 euros.
  Avec combien d'argent ressort-il du magasin ? (recherche d'un état final).

ORGANISATION ET GESTION DE DONNÉES

Ce que sait faire l'élève

- L'élève prélève des données numériques à partir de supports variés. Il produit des tableaux, des diagrammes et des graphiques pour organiser les données numériques.
- Il exploite et communique des résultats de mesures.
- Il lit ou construit des représentations de données sous forme de :
  - tableaux (en deux ou plusieurs colonnes, à double entrée) ;
  - diagrammes en bâtons, circulaires ou semi-circulaires ;
  - graphiques cartésiens.
- Il organise des données issues d'autres enseignements (sciences et technologie, histoire et géographie, éducation physique et sportive…) en vue de les traiter.

EXEMPLES DE RÉUSSITE

- Il lit et utilise des représentations de données sous forme de tableaux, de diagrammes bâtons, circulaires ou semi-circulaires, de graphiques cartésiens.
- Complète le tableau avec les données de population ci-dessous :
  - France : 67 200 000 habitants
  - Allemagne : 82 800 000 habitants
  - Espagne : 46 600 000 habitants
  - Italie : 60 500 000 habitants

	Population (en millions d'habitants)
France	
Allemagne	
Espagne	
Italie	

- Construis un diagramme bâton avec les données du tableau. (On pourra donner une échelle.)

PROBLÈMES RELEVANT DE LA PROPORTIONNALITÉ

Ce que sait faire l'élève

- Dans chacun des trois domaines « nombres et calculs », « grandeurs et mesures » et « espace et géométrie » des problèmes relevant de la proportionnalité sont proposés à l'élève.
- Il mobilise pour les traiter des formes de raisonnement spécifiques et des procédures adaptées, comme les propriétés de linéarité (additive et multiplicative).

EXEMPLES DE RÉUSSITE

- Indique si les affirmations sont vraies ou fausses. Justifie ta réponse.
  - Si Max mesure 1 m 10 cm à 9 ans, il mesurera 2 m 20 cm à 18 ans.
  - Si je prends 5 litres d'essence, je paie 8 €. Si je prends 15 litres, je paierai 24 €.

- Si 4 billes identiques pèsent 20 g, que 8 billes pèsent 40 g, alors 2 billes pèsent 10 g.
- Sachant qu'une bouteille coûte 2 €, complète le tableau suivant :

Nombre de bouteilles achetées	2	4	6	8	10	12	15	20	30	50
Prix payé										

LES PROGRAMMES ET LES ATTENDUS DE FIN D'ANNÉE EN **MATHÉMATIQUES**

II. GRANDEURS ET MESURES

A. Comparer, estimer, mesurer des grandeurs géométriques avec des nombres entiers et des nombres décimaux : longueur (périmètre), aire, volume, angle
Utiliser le lexique, les unités, les instruments de mesures spécifiques de ces grandeurs

LONGUEUR ET PÉRIMÈTRE

Ce que sait faire l'élève

- L'élève compare des périmètres avec ou sans recours à la mesure.
- Il mesure des périmètres par report d'unités, et de fractions d'unités (par exemple en utilisant une ficelle) ou par report des longueurs des côtés sur un segment de droite avec le compas.
- Il travaille la notion de longueur avec le cas particulier du périmètre.
- Il connaît les relations entre les unités de longueur et les unités de numération.
- Il calcule le périmètre d'un polygone en ajoutant les longueurs de ses côtés.

EXEMPLES DE RÉUSSITE

- L'élève compare des périmètres (avec ficelle, compas, « bande unité »…) ou sans avoir recours à la mesure.
- Il répond à des interrogations de type vrai/faux en justifiant :
  - On calcule le périmètre d'une figure en additionnant la longueur de ses côtés.
  - Le périmètre d'une figure, c'est la mesure de son tour.
  - Pour calculer le périmètre du carré, on multiplie par 4 la longueur d'un de ses côtés.

AIRES

Ce que sait faire l'élève

- Les élèves comparent des surfaces selon leur aire, par estimation visuelle ou par superposition ou découpage et recollement.
- Ils différencient aire et périmètre d'une figure.
- Ils déterminent des aires, ou les estiment, en faisant appel à une aire de référence. Ils les expriment dans une unité adaptée.
- Ils utilisent systématiquement une unité de référence. (Cette unité peut être une maille d'un réseau quadrillé adapté, le cm^2, le dm^2 ou le m^2.)

EXEMPLES DE RÉUSSITE

- Il compare les périmètres et les aires de figures quelconques ou connues, par estimation visuelle, report des longueurs des côtés avec un compas sur une droite, ou calcul.
- Il compare les aires de figures quelconques ou connues, par estimation visuelle ou par superposition ou découpage/recollement.

DURÉES

Ce que sait faire l'élève

- Les élèves consolident la lecture de l'heure.
- Ils utilisent les unités de mesure des durées et leurs relations.
- Ils les réinvestissent dans la résolution de problèmes de deux types : calcul d'une durée à partir de la donnée de l'instant initial et de l'instant final et détermination d'un instant à partir de la donnée d'un instant et d'une durée.
- Ils réalisent des conversions : siècle/années ; semaine/jours ; heure/minutes ; minute/secondes.

EXEMPLES DE RÉUSSITE

- L'élève produit des suites de type :
  - 9 h 11 min 20 s → 9 h 11 min 40 s → ...
  - 6 h 59 min 30 s → 6 h 59 min 45 s → ...

▪ Max s'amuse à additionner tous les chiffres qu'il lit sur sa montre digitale.
Par exemple, 13 : 22 →8 [1 + 3 + 2 + 2=8].
Quel est le plus grand résultat qu'il peut obtenir ?
Quel est le plus petit résultat qu'il peut obtenir ?

▪ VOLUMES ET CONTENANCES

Ce que sait faire l'élève

- Les élèves comparent des contenances sans les mesurer, puis en les mesurant.
- Ils découvrent qu'un litre est la contenance d'un cube de 10 cm d'arête. Ils font des analogies avec les autres unités de mesure à l'appui des préfixes.
- Ils relient unités de volume et de contenance.
- Ils estiment la mesure d'un volume ou d'une contenance par différentes procédures (transvasements, appréciation de l'ordre de grandeur) et l'expriment dans une unité adaptée (multiples et sous-multiples du litre pour la contenance, cm^3, dm^3, m^3 pour le volume).

EXEMPLES DE RÉUSSITE

▪ L'élève associe des objets à leur contenance.
Exemple :
- 10 cL ; 33 cL ; 1 L ; 10 L ; 50 L ; 20 000 L
- Une tasse à café ; une citerne de camion essence ; un seau ; une brique de jus d'orange ; une canette de soda ; un sac-poubelle.

▪ ANGLES

Ce que sait faire l'élève

- Les élèves identifient les angles d'une figure plane, puis comparent ces angles par superposition, avec du papier-calque ou en utilisant un gabarit.
- Ils estiment, puis vérifient en utilisant l'équerre, qu'un angle est droit, aigu ou obtus.
- Ils construisent un angle droit à l'aide de l'équerre.

EXEMPLES DE RÉUSSITE

■ On a tracé ci-dessous 4 angles numérotés de 1 à 4.
En utilisant le gabarit, range les angles du plus petit au plus grand.

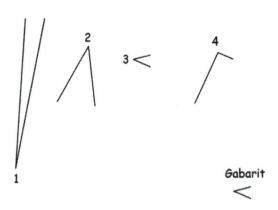

B. Résoudre des problèmes impliquant des grandeurs (géométriques, physiques, économiques) en utilisant des nombres entiers et des nombres décimaux

Ce que sait faire l'élève

- L'élève résout des problèmes de comparaison avec et sans recours à la mesure.
- Il mobilise simultanément des unités différentes de mesure et/ou des conversions.
- Il calcule des périmètres, des aires ou des volumes, en mobilisant ou non, selon les cas, des formules donnant :
  - le périmètre d'un carré, d'un rectangle ;
  - l'aire d'un carré, d'un rectangle.
- Il calcule la durée écoulée entre deux instants donnés.
- Il détermine un instant à partir de la connaissance d'un instant et d'une durée.

- Il connaît les unités de mesures usuelles : jour, semaine, heure, minute, seconde, dixième de seconde, mois, année, siècle, millénaire.
- Il résout des problèmes en exploitant des ressources variées (horaires de transport, horaires de marées, programme de cinéma ou de télévision…).

EXEMPLES DE RÉUSSITE

- J'ai un rectangle dont je connais le périmètre (2,80 m) et la largeur (40 cm). Quelle est sa longueur ?
- Construis 2 rectangles différents ayant pour périmètre 10 cm.
  Même chose avec un carré si on donne un périmètre de 12 cm.
  Même chose avec un triangle dont les côtés mesurent 3 cm - 3 cm - 4 cm.
  Le même type de problème peut être réalisé avec l'aire. On ne mobilise alors que les dimensions mathématiques :
  - la connaissance des propriétés de la forme géométrique ;
  - la (re)connaissance ou mise en évidence implicite de la formule associée ;
  - le calcul à réaliser.

PROPORTIONNALITÉ

Ce que sait faire l'élève

- L'élève identifie une situation de proportionnalité entre deux grandeurs à partir du sens de la situation.

EXEMPLES DE RÉUSSITE

- Léa possède une recette pour fabriquer un gâteau pour quatre personnes. Pour ce gâteau, il faut : 2 œufs, 30 cL de crème fraîche, 110 g de sucre, 150 g de farine.
  Quelle quantité de chaque ingrédient faudra-t-il à Léa si elle veut faire un gâteau pour :
  - 8 personnes ?
  - 2 personnes ?
  - 6 personnes ?
  - 10 personnes ?

III. ESPACE ET GÉOMÉTRIE

A. (Se) repérer et (se) déplacer dans l'espace en utilisant ou en élaborant des représentations

Ce que sait faire l'élève

- L'élève se repère, décrit ou exécute des déplacements, sur un plan ou sur une carte (école, quartier, ville, village).
- Il accomplit, décrit, code des déplacements dans des espaces familiers.
- Il programme les déplacements d'un robot ou ceux d'un personnage sur un écran.
- Il connaît et utilise le vocabulaire permettant de définir des positions et des déplacements (tourner à gauche, à droite; faire demi-tour; effectuer un quart de tour à droite, à gauche).
- Il réalise divers modes de représentation de l'espace: maquettes, plans, schémas.

EXEMPLES DE RÉUSSITE

3 problèmes sur un même support.

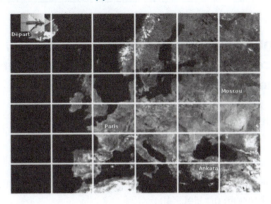

Exercice 1

- Le point de départ du trajet de l'avion est donné par l'avion posé sur la carte, orienté vers l'est, à Reykjavik, en Islande.
- Voici le déplacement prévu :
  - avance de 1 case ;
  - effectue un quart de tour à droite ;
  - avance de 3 cases ;
  - effectue un quart de tour à gauche ;
  - avance de 1 case.
- Où l'avion arrive-t-il ?
- On décide de coder le déplacement à l'aide de flèches :
  → signifie « avance d'une case »,
  ⌐ signifie : « effectue un quart de tour à droite »
  et ⌐ : « effectue un quart de tour à gauche ».
- Complète le déplacement effectué précédemment en utilisant ce code : → ⌐ →
- L'avion part à nouveau de Reykjavik dans la même direction et effectue le déplacement suivant :
  → → ⌐ → → → → ⌐ → → ⌐ → → → ⌐ ⌐ → → → →
- Où arrive-t-il ?

Exercice 2

- Écris en français un programme pour aller du point de départ en Islande à la capitale de la Turquie, Ankara, en survolant Moscou, puis code-le en utilisant les flèches.

B. Reconnaître, nommer, décrire, reproduire, représenter, construire des solides et figures géométriques

Ce que sait faire l'élève

- Les élèves reconnaissent, nomment, décrivent des figures simples ou complexes (assemblages de figures simples) :
  - triangles dont les triangles particuliers (triangle rectangle, triangle isocèle, triangle équilatéral) ;

- quadrilatères dont les quadrilatères particuliers (carré, rectangle, losange, première approche du parallélogramme);
- cercle (comme ensemble des points situés à une distance donnée d'un point donné), disque.

- Ils reconnaissent, nomment, décrivent des solides simples ou des assemblages de solides simples : cube, pavé droit, prisme droit, pyramide, cylindre, cône, boule.
- Ils connaissent le vocabulaire associé aux objets et aux propriétés : côté, sommet, angle, diagonale, polygone, centre, rayon, diamètre, milieu, hauteur, solide, face, arête.

EXEMPLES DE RÉUSSITE

- L'élève repère dans la figure ci-contre :
  - un carré et nomme ses sommets A, B, C, D ;
  - trois rectangles de dimensions différentes ;
  - un triangle rectangle dont il précise les dimensions.

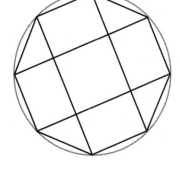

- L'élève repère, dans la figure ci-contre, trois triangles différents dont il précise les caractéristiques.

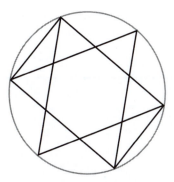

REPRODUIRE, REPRÉSENTER, CONSTRUIRE

Ce que sait faire l'élève

- L'élève reproduit, représente, construit des figures simples ou complexes (assemblages de figures simples).
- Il trace un cercle de rayon donné.
- Il reproduit, représente, construit des solides simples ou des assemblages de solides simples sous forme de maquettes ou de dessins ou à partir d'un patron (donné, dans le cas d'un prisme ou d'une pyramide, ou à construire dans le cas d'un pavé droit, d'un cube).
- Il réalise, complète et rédige un programme de construction.

EXEMPLES DE RÉUSSITE

- Trace un carré (ABCD) de 8 cm de côté.
  Nomme :
  - I le milieu du segment [AB] ;
  - J le milieu du segment [BC] ;
  - K le milieu du segment [CD] ;
  - L le milieu du segment [DA].

  Trace :
  - le cercle de centre I de rayon 4 cm ;
  - le cercle de centre J de rayon 4cm ;
  - le cercle de centre K de rayon 4 cm ;
  - le cercle de centre L de rayon 4cm.

- Rédige un programme de construction pour la figure ci-contre.

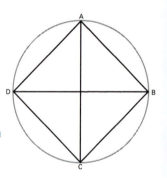

C. Reconnaître et utiliser quelques relations géométriques

RELATIONS DE PERPENDICULARITÉ ET DE PARALLÉLISME

Ce que sait faire l'élève

- L'élève connaît les notions d'alignement/appartenance, de perpendicularité/parallélisme, de segment de droite, de distance entre deux points, entre un point et une droite.
- Il trace avec l'équerre la droite perpendiculaire à une droite donnée passant par un point donné qui peut être extérieur à la droite.
- Il trace avec la règle et l'équerre la droite parallèle à une droite donnée passant par un point donné.
- Il détermine le plus court chemin entre deux points, entre un point et une droite.
- Il trace un carré, un rectangle ou un triangle rectangle de dimensions données.

EXEMPLES DE RÉUSSITE

- Il trace avec la règle et l'équerre la droite parallèle à une donnée passant par un point donné.
- Voici un segment de 5 cm.
  Trace un carré à partir de ce segment.

SYMÉTRIE AXIALE

Ce que sait faire l'élève

- Il reconnaît si une figure présente un axe de symétrie : on conjecture visuellement l'axe à trouver et on valide cette conjecture en utilisant du papier-calque, des découpages, des pliages.
- Il complète une figure par symétrie axiale.
- Il construit la figure symétrique d'une figure donnée par rapport à un axe donné, que l'axe de symétrie coupe ou non la figure.
- Il construit le symétrique d'une droite, d'un segment, d'un point par rapport à un axe donné.

EXEMPLES DE RÉUSSITE

- Les panneaux ci-dessous comportent-ils un ou plusieurs axes de symétrie ?

- Un élève dit : « Cette photo du château de Chambord ne comporte pas d'axe de symétrie. » Es-tu d'accord avec lui ? Justifie ta réponse.

ATTENDUS DE FIN D'ANNÉE DE CM2 EN MATHÉMATIQUES

I. NOMBRES ET CALCULS 173
II. GRANDEURS ET MESURES 180
III. ESPACE ET GÉOMÉTRIE 186

I. NOMBRES ET CALCULS

A. Utiliser et représenter les grands nombres entiers, des fractions simples, les nombres décimaux

LES NOMBRES ENTIERS

Ce que sait faire l'élève

- L'élève utilise et représente les grands nombres entiers :
  - il connaît les unités de la numération décimale pour les nombres entiers (unités simples, dizaines, centaines, milliers, millions, milliards) et les relations qui les lient ;
  - il compose, décompose les grands nombres entiers, en utilisant des regroupements par milliers ;
  - il comprend et applique les règles de la numération décimale de position aux grands nombres entiers (jusqu'à 12 chiffres).
- Il compare, range, encadre des grands nombres entiers, les repère et les place sur une demi-droite graduée adaptée.

EXEMPLES DE RÉUSSITE

- Il lit et écrit des nombres sous la dictée : des nombres dont l'écriture chiffrée comporte ou non des zéros, comme 428 428 348, 420 004 048 ou 980 000 000.
- Il associe un nombre à différentes représentations.
  Par exemple il doit retrouver plusieurs décompositions qui font effectivement 4 432 475, comme :
  - 1 000 000 × 4 + 100 000 × 4 + 10 000 × 3 + 1 000 × 2 + 100 × 4 + 10 × 7 + 1 × 5
  - 44 centaines de milliers + 324 centaines + 75 unités
  - 4 000 000 + 400 000 + 30 000 + 2 000 + 400 + 70 + 5
  - 4 000 000 + 70 + 5 + 432 000
  - 443 247 dizaines + 5

ATTENDUS DE FIN D'ANNÉE DE **CM2**

▍FRACTIONS

Ce que sait faire l'élève

- L'élève utilise les fractions simples (comme $\frac{2}{3}, \frac{1}{4}, \frac{5}{2}$) dans le cadre de partage de grandeurs ou de mesures de grandeurs, et des fractions décimales ($\frac{1}{10}, \frac{1}{100}$); il fait le lien entre les formulations en langage courant et leur écriture mathématique (par exemple : faire le lien entre « la moitié de » et multiplier par $\frac{1}{2}$).
- L'élève manipule des fractions jusqu'à $\frac{1}{1\,000}$).
- L'élève donne progressivement aux fractions le statut de nombre.
- Il connaît diverses désignations des fractions : orales, écrites et des décompositions additives et multiplicatives (par exemple : quatre tiers ; $\frac{4}{3}$; $\frac{1}{3} + \frac{1}{3} + \frac{1}{3}$; $1 + \frac{1}{3}$; $4 \times \frac{1}{3}$).
- Il les positionne sur une droite graduée.
- Il les encadre entre deux entiers consécutifs.
- Il écrit une fraction décimale sous forme de somme d'un entier et d'une fraction inférieure à 1.
- Il compare deux fractions de même dénominateur.
- Il connaît des égalités entre des fractions usuelles (exemples : $\frac{5}{10} = \frac{1}{2}$; $\frac{10}{100} = \frac{1}{10}$; $\frac{2}{4} = \frac{1}{2}$.

EXEMPLES DE RÉUSSITE

- Par rapport à une surface posée comme unité, il écrit sous forme de fraction des aires de surfaces données (supérieures ou inférieures à l'unité).

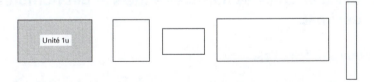

- Il réalise des figures ou des bandes de papier de mesure $\frac{5}{2}$ u, $\frac{1}{3}$ u, $\frac{5}{4}$ u, $\frac{2}{3}$ u, $\frac{3}{4}$ u, une unité.

NOMBRES DÉCIMAUX

Ce que sait faire l'élève

- L'élève utilise les nombres décimaux.
- Il connaît les unités de la numération décimale (unités simples, dixièmes, centièmes, millièmes) et les relations qui les lient.
- Il comprend et applique aux nombres décimaux les règles de la numération décimale de position (valeurs des chiffres en fonction de leur rang).
- Il connaît et utilise diverses désignations orales et écrites d'un nombre décimal (fractions décimales, écritures à virgule, décompositions additives et multiplicatives).
- Il utilise les nombres décimaux pour rendre compte de mesures de grandeurs ; il connaît le lien entre les unités de numération et les unités de mesure. Par exemple : dixième → dm - dg - dL, centième → cm - cg - cL - centimes d'euro.
- Il repère et place un nombre décimal sur une demi-droite graduée adaptée.
- Il compare, range des nombres décimaux.
- Il encadre un nombre décimal par deux nombres entiers, par deux nombres décimaux ; il trouve des nombres décimaux à intercaler entre deux nombres donnés.

EXEMPLES DE RÉUSSITE

- Il lit et écrit des nombres sous la dictée : des nombres de type 642,348 ; des nombres avec des zéros de type 6040,048.
- Il place des nombres sur la droite numérique graduée.

B. Calculer avec des nombres entiers et des nombres décimaux

Ce que sait faire l'élève

1. Calcul mental et calcul en ligne

- L'élève connaît les premiers multiples de 25 et de 50.
- Il multiplie par 5, 10, 50 et 100 des nombres décimaux.

- Il divise par 10 et 100 des nombres décimaux.
- Il recherche le complément au nombre entier supérieur. Il connaît quelques propriétés des opérations (par exemple : 12 + 199 = 199 + 12 ; 45 × 21 = 45 × 20 + 45 ; 6 × 18 = 6 × 20 - 6 × 2).
- Il connaît les critères de divisibilité par 2, 3, 5, 9 et 10.
- Il utilise les principales propriétés des opérations pour des calculs rendus plus complexes par la nature des nombres en jeu, leur taille ou leur nombre.
- Il vérifie la vraisemblance d'un résultat, notamment en estimant un ordre de grandeur.

2. Calcul posé

- Les élèves apprennent les algorithmes :
  - de l'addition et de la soustraction de deux nombres décimaux ;
  - de la multiplication d'un nombre décimal par un nombre entier ;
  - de la division euclidienne de deux nombres entiers (quotient décimal ou non). Par exemple, 10 : 4 ou 10 : 3 ;
  - de la division d'un nombre décimal par un nombre entier.

EXEMPLES DE RÉUSSITE

La typologie de situations proposées est exploitable tant avec les nombres entiers qu'avec les nombres décimaux.
- Il entoure les multiples de 25 et/ou de 50 dans une liste.
- Il calcule des produits ou des divisions de type 45 × 100 ; 3,6 × 100 ; 3,06 × 100 ; 56 : 100 ; 3,06 : 100 ; 24 × 50 ; 2,4 × 50.

C. Résoudre des problèmes en utilisant des fractions simples, les nombres décimaux et le calcul

Ce que sait faire l'élève

- L'élève résout des problèmes nécessitant l'emploi de l'addition ou de la soustraction (avec les entiers jusqu'au milliard et/ou des décimaux ayant jusqu'à trois décimales).
- Il résout des problèmes faisant intervenir la multiplication ou la division.
- Il résout des problèmes nécessitant une ou plusieurs étapes.

EXEMPLES DE RÉUSSITE

Exemples de problèmes additifs à une étape

- Léo avait rendez-vous chez son dentiste. Il est arrivé à 15 h 09 avec 24 minutes de retard. À quelle heure devait-il être chez son dentiste ? (recherche d'un état initial).
- Avant de faire sa séance de sport, Léo s'est pesé : 52 kg. Juste après cette séance, il se pèse à nouveau : 50,750 kg. Combien de poids Léo a-t-il perdu pendant sa séance de sport ? (recherche de la transformation entre l'état initial et l'état final).

ORGANISATION ET GESTION DE DONNÉES

Ce que sait faire l'élève

- Les élèves prélèvent des données numériques à partir de supports variés. Ils produisent des tableaux, des diagrammes et des graphiques pour organiser les données numériques. Ils exploitent et communiquent des résultats de mesures.
- Ils lisent ou construisent des représentations de données sous forme de :
    - tableaux (en deux ou plusieurs colonnes, à double entrée) ;
    - diagrammes en bâtons, circulaires ou semi-circulaires ;
    - graphiques cartésiens.
- Ils organisent des données issues d'autres enseignements (sciences et technologie, histoire et géographie, éducation physique et sportive…) en vue de les traiter.

EXEMPLES DE RÉUSSITE

- L'élève lit et utilise des représentations de données sous forme de tableaux, de diagrammes bâtons, circulaires ou semi-circulaires, de graphiques cartésiens.
- Complète le tableau avec les données ci-dessous :
  Consommation de pétrole par jour (en baril et en litres) en 2013 :
  - États-Unis : 18 887 000 barils ou 3 003 000 000 litres
  - Chine : 10 756 000 barils ou 1 710 000 000 litres
  - Japon : 4 551 000 barils ou 723 000 000 litres
  - France : 1 683 000 barils ou 267 000 000 litres

	Consommation de pétrole par jour (en milliard de litres)
États-Unis	
Chine	
Japon	
France	

- **Construis un diagramme bâton avec les données du tableau (librement, puis avec une échelle donnée).**

PROBLÈMES RELEVANT DE LA PROPORTIONNALITÉ.

Ce que sait faire l'élève

- Dans chacun des trois domaines «nombres et calculs», «grandeurs et mesures» et «espace et géométrie» des problèmes relevant de la proportionnalité sont proposés à l'élève.
- Il mobilise pour les traiter des formes de raisonnement spécifiques et des procédures adaptées : les propriétés de linéarité (additive et multiplicative), le passage à l'unité, le coefficient de proportionnalité.

EXEMPLES DE RÉUSSITE

- **Indique si les affirmations sont vraies ou fausses. Justifie ta réponse.**
  - Quand je monte 5 marches, je m'élève de 100 cm, donc si je monte 10 marches, je m'élève de 2 m.
  - Quand je monte 5 marches, je m'élève de 100 cm, donc si je monte 8 marches, je m'élève de 160 cm.
  - Si Max pèse 30 kg à 10 ans, il pèsera 60 kg à 20 ans.
  - Si je prends 5 litres d'essence, je paie 8 €, donc si je prends 15 litres, je paierai 24 €.
  - Si 4 billes identiques pèsent 20 g, que 8 billes pèsent 40 g, alors 2 billes pèsent 10 g.

  On peut donner (ou non) des informations supplémentaires (exemple : les marches sont identiques).

- **Au marché, un kilogramme de fraises vaut 12 €. Combien valent alors : 500 g de fraises ? 200 g de fraises ? 2 kg 250 g de fraises ?**

II. GRANDEURS ET MESURES

A. Comparer, estimer, mesurer des grandeurs géométriques avec des nombres entiers et des nombres décimaux : longueur (périmètre), aire, volume, angle
Utiliser le lexique, les unités, les instruments de mesures spécifiques de ces grandeurs

LONGUEUR ET PÉRIMÈTRE

Ce que sait faire l'élève

- L'élève compare des périmètres avec ou sans avoir recours à la mesure.
- Il mesure des périmètres par report d'unités, et de fractions d'unités (par exemple, en utilisant une ficelle) ou par report des longueurs des côtés sur un segment de droite avec le compas.
- Il travaille la notion de longueur avec le cas particulier du périmètre.
- Il connaît les relations entre les unités de longueur et les unités de numération.
- Il calcule le périmètre d'un polygone en ajoutant les longueurs de ses côtés.
- Il établit les formules du périmètre du carré et du rectangle, puis il les utilise, tout en continuant à calculer des périmètres de polygones variés en ajoutant les longueurs de leurs côtés.

ATTENDUS DE FIN D'ANNÉE DE CM2

EXEMPLES DE RÉUSSITE

- L'élève compare des périmètres (avec ficelle, compas, «bande unité»...) ou sans avoir recours à la mesure.
- Il répond à des interrogations de type vrai/faux en justifiant :
  • On peut construire un carré et un triangle équilatéral de même périmètre.
  • Les deux figures A et B ont le même périmètre (réponds sans calculer).

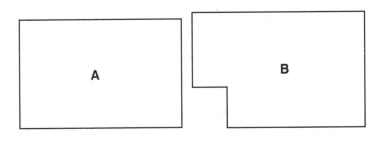

AIRES

Ce que sait faire l'élève

- L'élève compare des surfaces selon leur aire, par estimation visuelle ou par superposition ou découpage et recollement.
- Il différencie aire et périmètre d'une figure.
- Il détermine des aires, ou les estime, en faisant appel à une aire de référence. Ils les exprime dans une unité adaptée.
- Il utilise systématiquement une unité de référence.
  (Cette unité peut être une maille d'un réseau quadrillé adapté, le cm², le dm² ou le m².)
- Il utilise les formules d'aire du carré et du rectangle.

EXEMPLES DE RÉUSSITE

- Construis des figures dont la mesure de l'aire est $\frac{5}{2}$ cm².

- **Le rectangle blanc représente un terrain. Le carré grisé représente l'emplacement d'une maison.**
  - **Calcule le périmètre du terrain.**
  - **Calcule l'aire totale du terrain.**
  - **Calcule l'aire du terrain occupé par la maison (partie grisée).**

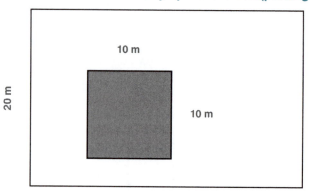

DURÉES

Ce que sait faire l'élève

- L'élève consolide la lecture de l'heure.
- Il utilise les unités de mesure des durées et leurs relations.
- Il les réinvestit dans la résolution de problèmes de deux types : calcul d'une durée à partir de la donnée de l'instant initial et de l'instant final et détermination d'un instant à partir de la donnée d'un instant et d'une durée.
- Il réalise des conversions : siècle/années ; semaine/jours ; heure/minutes ; minute/secondes.
- Il réalise des conversions nécessitant l'interprétation d'un reste : transformer des heures en jours, avec un reste en heures ou des secondes en minutes, avec un reste en secondes.

EXEMPLES DE RÉUSSITE

- **Quelle heure sera-t-il 48 minutes après 13 h 30 ?**
- **Il est 13 h 30. Il y a 53 minutes, quelle heure était-il ?**

ATTENDUS DE FIN D'ANNÉE DE **CM2**

▍ VOLUMES ET CONTENANCES

Ce que sait faire l'élève

- ▣ L'élève compare des contenances sans les mesurer, puis en les mesurant.
- ▣ Il découvre qu'un litre est la contenance d'un cube de 10 cm d'arête. Il fait des analogies avec les autres unités de mesure à l'appui des préfixes.
- ▣ Il relie unités de volume et de contenance.
- ▣ Il estime la mesure d'un volume ou d'une contenance par différentes procédures (transvasements, appréciation de l'ordre de grandeur) et l'exprime dans une unité adaptée (multiples et sous-multiples du litre pour la contenance, cm^3, dm^3, m^3 pour le volume).
- ▣ Il utilise de nouvelles unités de contenance : dL, cL et mL.

EXEMPLES DE RÉUSSITE

▍ Le cube gris étant choisi comme unité, quel est le volume de ce solide plein.

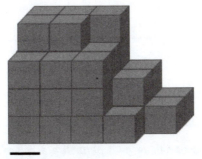

1 cm

▍ Pour chaque objet, entoure la mesure ou les mesures qui lui correspondent :
- une gomme :
  $3\ cm^3$ $3\ mm^3$ $3\ m^3$ $3\ dm^3$
- un coffre de voiture :
  $400\ cm^3$ $400\ m^3$ $400\ mm^3$ $400\ dm^3$ 400 L   400 dL   400 cL
- un grain de sable :
  $0,4\ mm^3$ $0,4\ dm^3$ $0,4\ m^3$ $0,4\ cm^3$.

ANGLES

Ce que sait faire l'élève

- L'élève identifie les angles d'une figure plane, puis compare ces angles par superposition, avec du papier-calque ou en utilisant un gabarit.
- Il estime, puis vérifie en utilisant l'équerre, qu'un angle est droit, aigu ou obtus.
- Il construit un angle droit à l'aide de l'équerre.

EXEMPLES DE RÉUSSITE

- **Reproduis la figure ci-dessous en utilisant tes outils de géométrie (à l'exception du papier-calque).**

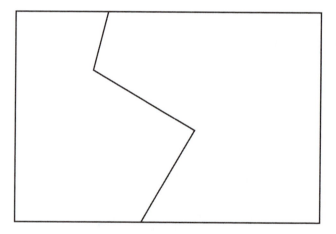

L'utilisation du papier-calque peut permettre à l'élève de décalquer la ligne brisée voire l'ensemble de la figure sans pour autant mobiliser la notion d'angle.

B. Résoudre des problèmes impliquant des grandeurs (géométriques, physiques, économiques) en utilisant des nombres entiers et des nombres décimaux

Ce que sait faire l'élève

- L'élève résout des problèmes de comparaison avec et sans recours à la mesure.
- Il mobilise simultanément des unités différentes de mesure et/ou des conversions.
- Il calcule des périmètres, des aires ou des volumes, en mobilisant ou non, selon les cas, des formules donnant :
  - le périmètre d'un carré, d'un rectangle ;
  - l'aire d'un carré, d'un rectangle.
- Il calcule la durée écoulée entre deux instants donnés.
- Il détermine un instant à partir de la connaissance d'un instant et d'une durée.
- Il connaît les unités de mesures usuelles : jour, semaine, heure, minute, seconde, dixième de seconde, mois, année, siècle, millénaire.
- Il résout des problèmes en exploitant des ressources variées (horaires de transport, horaires de marées, programme de cinéma ou de télévision…).

EXEMPLES DE RÉUSSITE

Exemples de problèmes impliquant des grandeurs

- Le cours de tennis dure 45 minutes. Il a commencé à 10 h 25 avec un quart d'heure de retard.
  À quelle heure le cours de tennis s'est-il terminé ?
  À quelle heure aurait-il dû débuter ?
- M. Aziz travaille 4 h 35 par jour sauf le samedi et le dimanche. Combien d'heures M. Aziz travaille-t-il pendant le mois de septembre 2018 ?

PROPORTIONNALITÉ

Ce que sait faire l'élève

- L'élève identifie une situation de proportionnalité entre deux grandeurs à partir du sens de la situation. Des situations simples impliquant des échelles et des vitesses constantes peuvent être rencontrées.

EXEMPLES DE RÉUSSITE

- Par-delà le travail conduit à partir de cartes ou de plans, les élèves peuvent compléter des tableaux de type ?

Échelle	1/10	1/50	1/200	
Distance sur la carte	40 cm	20 cm		20 cm
Distance réelle			4 m	20 km

- En roulant à une vitesse constante de 80 km/h, quelle distance est-ce que je parcours en une heure ?

III. ESPACE ET GÉOMÉTRIE

A. (Se) repérer et (se) déplacer dans l'espace en utilisant ou en élaborant des représentations

Ce que sait faire l'élève

- L'élève se repère, décrit ou exécute des déplacements, sur un plan ou sur une carte (école, quartier, ville, village).
- Il accomplit, décrit, code des déplacements dans des espaces familiers.
- Il programme les déplacements d'un robot ou ceux d'un personnage sur un écran.
- Il connaît et utilise le vocabulaire permettant de définir des positions et des déplacements (tourner à gauche, à droite ; faire demi-tour ; effectuer un quart de tour à droite, à gauche).
- Il réalise divers modes de représentation de l'espace : maquettes, plans, schémas.

EXEMPLES DE RÉUSSITE

3 problèmes sur un même support.

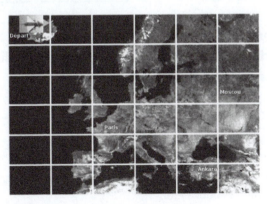

Exercice 1

- Le point de départ du trajet de l'avion est donné par l'avion posé sur la carte (page précédente), orienté vers l'est, à Reykjavik, en Islande.
- Voici le déplacement prévu :
  - avance de 1 case ;
  - effectue un quart de tour à droite ;
  - avance de 3 cases ;
  - effectue un quart de tour à gauche ;
  - avance de 1 case.
- Où l'avion arrive-t-il ?
  On décide de coder le déplacement à l'aide de flèches :
- → signifie « avance d'une case »,
  ⌐ signifie : « effectue un quart de tour à droite »
  et ⌐ : « effectue un quart de tour à gauche ».
- Complète le déplacement effectué précédemment en utilisant ce code : → ⌐ →
- L'avion part à nouveau de Reykjavik dans la même direction et effectue le →→ ⌐→→→→ ⌐→→ ⌐→→→ ⌐ ⌐ →→→→
  Où arrive-t-il ?

Exercice 2

- Écris en français un programme pour aller du point de départ en Islande à la capitale de la Turquie, Ankara, en survolant Moscou, puis code-le en utilisant les flèches.

B. Reconnaître, nommer, décrire, reproduire, représenter, construire des solides et figures géométriques

Ce que sait faire l'élève

- L'élève reconnaît, nomme, décrit des figures simples ou complexes (assemblages de figures simples) :
  - triangles dont les triangles particuliers (triangle rectangle, triangle isocèle, triangle équilatéral) ;

- quadrilatères dont les quadrilatères particuliers (carré, rectangle, losange, première approche du parallélogramme) ;
- cercle (comme ensemble des points situés à une distance donnée d'un point donné), disque.
▪ Il reconnaît, nomme, décrit des solides simples ou des assemblages de solides simples : cube, pavé droit, prisme droit, pyramide, cylindre, cône, boule.
▪ Il connaît le vocabulaire associé aux objets et aux propriétés : côté, sommet, angle, diagonale, polygone, centre, rayon, diamètre, milieu, hauteur, solide, face, arête.

EXEMPLES DE RÉUSSITE

▪ Il reconnaît, nomme des figures simples ou complexes.
▪ Dans la figure ci-contre :
  - nomme ABC et EFG deux triangles équilatéraux différents ;
  - nomme (IJKL) un losange ;
  - colorie un triangle rectangle ;
  - colorie un triangle isocèle.

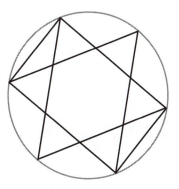

REPRODUIRE, REPRÉSENTER, CONSTRUIRE

Ce que sait faire l'élève

▪ Il construit, pour un cube de dimension donnée, des patrons différents.
▪ Il reconnaît, parmi un ensemble de patrons et de faux patrons donnés, ceux qui correspondent à un solide donné : cube, pavé droit, pyramide.
▪ Il réalise, complète et rédige un programme de construction.
▪ Il réalise une figure simple ou une figure composée de figures simples à l'aide d'un logiciel.

LES PROGRAMMES ET LES ATTENDUS DE FIN D'ANNÉE EN **MATHÉMATIQUES**

EXEMPLES DE RÉUSSITE

- Construis deux patrons d'un cube d'arête 4 cm.
- Parmi les quatre patrons [ci-dessous], retrouve celui qui permet de construire un pavé droit. Construis ce pavé droit.

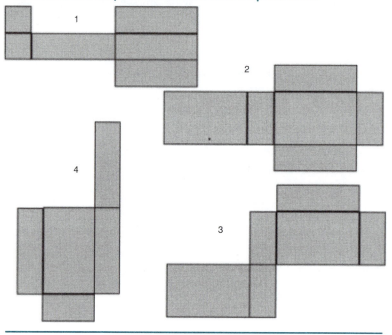

C. Reconnaître et utiliser quelques relations géométriques

- **RELATIONS DE PERPENDICULARITÉ ET DE PARALLÉLISME**

Ce que sait faire l'élève

- L'élève connaît les notions d'alignement/appartenance, de perpendicularité/parallélisme, de segment de droite, de distance entre deux points, entre un point et une droite.
- Il trace avec l'équerre la droite perpendiculaire à une droite donnée passant par un point donné qui peut être extérieur à la droite.

- Il trace avec la règle et l'équerre la droite parallèle à une droite donnée passant par un point donné.
- Il détermine le plus court chemin entre deux points, entre un point et une droite.
- Il trace un carré, un rectangle ou un triangle rectangle de dimensions données.

EXEMPLES DE RÉUSSITE

- **Voici un segment de 5 cm.**
  Trace un triangle rectangle en utilisant ce segment comme côté de l'angle droit.
  Le deuxième côté de l'angle droit doit mesurer 7 cm.
  À partir de la figure précédente, construis un rectangle.
- **Il construit des figures de type :**

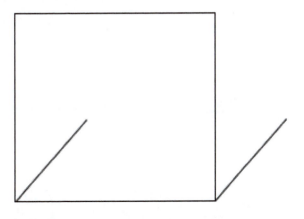

SYMÉTRIE AXIALE

Ce que sait faire l'élève

- Il observe que deux points sont symétriques par rapport à une droite donnée lorsque le segment qui les joint coupe cette droite perpendiculairement en son milieu.
- Il construit, à l'équerre et à la règle graduée, le symétrique par rapport à une droite d'un point, d'un segment, d'une figure.

EXEMPLES DE RÉUSSITE

▪ **Complète cette figure de telle sorte que la droite (d) soit un axe de symétrie.**

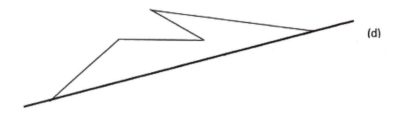

▪ **Combien d'axes de symétrie possède un carré ?**

Troisième partie | Les autres enseignements à l'école élémentaire

PRÉSENTATION GÉNÉRALE 187

CYCLE 2 (CP, CE1, CE2) 189
    1. Les langues vivantes (étrangères ou régionales) 190
    2. Les enseignements artistiques 192
    3. L'éducation physique et sportive 195
    4. Questionner le monde 197

CYCLE 3 (CM1, CM2, 6ᵉ) 199
    1. Les langues vivantes (étrangères ou régionales) 200
    2. Les arts plastiques 202
    3. L'éducation musicale 204
    4. L'histoire des arts 206
    5. L'éducation physique et sportive 208
    6. L'histoire et la géographie 210
    7. Science et technologie 214

L'ENSEIGNEMENT MORAL ET CIVIQUE À L'ÉCOLE ÉLÉMENTAIRE ... 217

PRÉSENTATION GÉNÉRALE

Les autres disciplines[1] enseignées à l'école élémentaire sont :
- langues vivantes étrangères ou régionales,
- enseignements artistiques (arts plastiques, éducation musicale et histoire des arts),
- éducation physique et sportive,
- « Questionner le monde » en CP, CE1 et CE2, auquel succèdent l'histoire et la géographie, la science et la technologie en CM1 et CM2,
- enseignement moral et civique.

Vous trouverez ci-après les introductions des programmes de ces disciplines en vigueur à la rentrée 2020. À l'exception de l'enseignement moral et civique, les programmes complets sont consultables via ce lien : https://www.education.gouv.fr/au-bo-special-du-26-novembre-2015-programmes-d-enseignement-de-l-ecole-elementaire-et-du-college-3737. L'introduction au programme d'enseignement moral et civique est commune aux cycles 2, 3 et 4. Elle est présentée à la fin de cette troisième partie. Le programme d'enseignement moral et civique en vigueur à la rentrée 2020 est consultable via ce lien : https://www.education.gouv.fr/bo/18/Hebdo30/MENE1820170A.htm?cid_bo=132982

Un glossaire est présenté à la fin de l'ouvrage.
Les notes de bas de page sont rédigées par l'éditeur.
Les passages soulignés en bleu ont été choisis par l'éditeur.

---
1   Les programmes présentés sont ceux des cycles 2 (CP, CE1, CE2) et 3 (CM1, CM2, 6ᵉ). À ce titre, ils peuvent faire référence à la classe de 6ᵉ.

LES AUTRES ENSEIGNEMENTS
À L'ÉCOLE ÉLÉMENTAIRE |
**CYCLE 2
(CP, CE1, CE2)**

LES AUTRES ENSEIGNEMENTS À L'ÉCOLE ÉLÉMENTAIRE (**CYCLE 2**)
1. LES LANGUES VIVANTES (ÉTRANGÈRES OU RÉGIONALES)

Le cycle 2 constitue le **point de départ de l'apprentissage** des langues vivantes pour tous les élèves avec un enseignement correspondant au niveau A1 à l'oral du cadre européen commun de référence pour les langues (CECRL)[1]. Ce cycle contribue à poser les jalons d'un premier développement de la compétence plurilingue des élèves. **La langue orale** est la **priorité**. Elle s'organise autour de tâches simples, en compréhension, en reproduction et progressivement en production. Un premier contact avec l'écrit peut s'envisager lorsque les situations langagières[2] le justifient. C'est dans ce cycle que se développent, en premier lieu, des **comportements indispensables** à l'apprentissage d'une langue vivante étrangère ou régionale : curiosité, écoute, attention, mémorisation, confiance en soi. Développer ces comportements, acquérir des connaissances prioritairement à l'oral, exercer son oreille aux sonorités d'une nouvelle langue sont les objectifs de cet enseignement qui doit tenir compte de l'âge, des capacités et des centres d'intérêt des élèves. L'enseignement et l'apprentissage d'une langue

---

1   Le CECRL a été défini en 2001 par le Conseil de l'Europe. Il mesure la maîtrise d'une langue vivante étrangère ou régionale à travers quatre domaines : la réception (savoir écouter ou lire), la production (s'exprimer à l'oral ou écrire), la capacité à participer à une conversation et la médiation (par exemple, traduire un texte). L'échelle de compétences comporte six niveaux (A1, A2, B1, B2, C1, C2).
2   La situation langagière est le contexte de l'exercice (par exemple, demander son nom à une personne).

vivante, étrangère ou régionale, doivent mettre les enfants en situation de s'exercer à **parler sans réticence et sans crainte de se tromper**. Ce sont la répétition et la régularité, voire la ritualisation d'activités quotidiennes qui permettront aux élèves de progresser. Le travail sur la langue est indissociable de celui sur la culture. ■

LES AUTRES ENSEIGNEMENTS
À L'ÉCOLE ÉLÉMENTAIRE (**CYCLE 2**)
2. LES ENSEIGNEMENTS ARTISTIQUES

La sensibilité et l'expression artistiques sont les moyens et les finalités des enseignements artistiques. **Moyens**, car elles motivent en permanence la pratique plastique comme le travail vocal, l'écoute de la musique et le regard sur les œuvres et les images. **Finalités**, car l'ensemble des activités nourrit la sensibilité et les capacités expressives de chacun. Les enseignements artistiques prennent en compte le son et les images qui font partie de l'environnement quotidien des élèves. Ils développent une écoute, un regard curieux et informé sur l'art, dans sa diversité. Ils contribuent ainsi à la **construction de la personnalité** et à la formation du citoyen, développant l'intelligence sensible[1] et procurant des repères culturels, nécessaires pour participer à la vie sociale.

Ces deux enseignements[2] sont propices à la démarche de projet. Ils s'articulent aisément avec d'autres enseignements pour consolider les compétences, transférer les acquis dans le cadre d'une pédagogie de projet[3] interdisciplinaire, s'ouvrant ainsi à d'autres domaines artistiques, tels que l'architecture, le cinéma, la danse, le théâtre… Ils s'enrichissent du travail concerté avec les structures et partenaires culturels. Ils sont ainsi le fondement, au sein de l'école, du **parcours d'éducation**

---
1   Capacité à appréhender et comprendre le monde à travers les sens (le regard, par exemple).
2   Arts plastiques et éducation musicale.
3   Démarche pédagogique qui permet à un élève ou à une classe d'apprendre à travers un projet (par exemple, la réalisation d'une œuvre artistique).

artistique et culturelle[1] de chaque élève, contribuant aux **trois champs d'action constitutifs : rencontres, pratiques et connaissances**. Par leur intégration au sein de la classe, ils instaurent une relation spécifique au savoir, liée à l'articulation constante entre pratique et réflexion.

A. Les arts plastiques

L'enseignement des arts plastiques développe particulièrement le **potentiel d'invention** des élèves, au sein de situations ouvertes favorisant l'autonomie, l'initiative et le recul critique. Il se construit à partir des éléments du langage artistique : forme, espace, lumière, couleur, matière, geste, support, outil, temps. Il explore des domaines variés, tant dans la pratique que dans les références : dessin, peinture, collage, modelage, sculpture, assemblage, photographie, vidéo, création numérique… La **rencontre avec les œuvres d'art** y trouve un espace privilégié, qui permet aux élèves de s'engager dans une approche sensible et curieuse, enrichissant leur potentiel d'expression singulière et de jugement. Ces derniers apprennent ainsi à accepter ce qui est autre et autrement en art et par les arts.

En **cycle 2**, cet enseignement consolide la sensibilisation artistique engagée en maternelle et apporte aux élèves des connaissances et des moyens qui leur permettront, dès le cycle 3, d'explorer une expression personnelle, de reconnaître la singularité d'autrui et d'accéder à une culture artistique partagée. Les élèves passent ainsi progressivement d'une posture encore souvent autocentrée à une pratique tournée vers autrui et établissent des liens entre leur univers et une première culture artistique commune. La recherche de réponses personnelles et originales aux propositions faites par le professeur dans la pratique est constamment articulée avec l'observation et la comparaison d'œuvres d'art, avec la découverte de démarches d'artistes. Il ne s'agit pas de reproduire mais d'observer pour nourrir l'exploration des outils, des gestes, des matériaux, développer ainsi l'invention et un regard curieux.

Même dans ses formes les plus modestes, le projet permet dès le cycle 2 de confronter les élèves aux conditions de la **réalisation plastique, individuelle et collective**, favorisant la motivation, les intentions,

---

[1] Le parcours d'éducation artistique et culturelle met en cohérence les apprentissages en classe (arts plastiques et éducation musicale notamment), la pratique des arts (le chant choral par exemple) et la rencontre avec les artistes ou les œuvres tout au long de la scolarité (école, collège, lycée).

les initiatives. Ponctuellement dans l'année, des projets de réalisation artistique aboutis permettent le passage de la production à l'exposition. Ce faisant, ils permettent aux élèves de prendre conscience de l'importance du récepteur, des spectateurs; ils apprennent eux-mêmes aussi à devenir spectateurs. Le professeur s'assure que les élèves prennent plaisir à donner à voir leurs productions plastiques et à recevoir celles de leurs camarades. Ce temps est également l'occasion de développer le langage oral dans la présentation par les élèves des productions et des démarches engagées. Ce travail se conduit dans la salle de classe, dans des espaces de l'école organisés à cet effet (mini galeries), ou dans d'autres espaces extérieurs à l'enceinte scolaire […].

B. L'éducation musicale

L'éducation musicale développe deux grands champs de compétences structurant l'ensemble du parcours de formation de l'élève jusqu'à la fin du cycle 4: **la perception et la production**. Prenant en compte la sensibilité et le plaisir de faire de la musique comme d'en écouter, l'éducation musicale apporte les savoirs culturels et techniques nécessaires au développement des capacités d'écoute et d'expression.

La **voix** tient un rôle central dans les pratiques musicales de la classe. Vecteur le plus immédiat pour faire de la musique, elle est particulièrement appropriée aux travaux de production et d'interprétation dans un cadre collectif en milieu scolaire.

De même, la **mobilisation du corps** dans le geste musical contribue à l'équilibre physique et psychologique.

Au terme du cycle 2, les élèves disposent d'un ensemble d'expériences, de savoir-faire et de repères culturels qui seront à la base de la formation musicale et artistique poursuivie en cycle 3.

LES AUTRES ENSEIGNEMENTS
À L'ÉCOLE ÉLÉMENTAIRE (**CYCLE 2**) |
3. L'ÉDUCATION PHYSIQUE ET SPORTIVE

L'éducation physique et sportive développe l'accès à un riche champ de pratiques, à forte implication culturelle et sociale, importantes dans le développement de la vie personnelle et collective de l'individu. Tout au long de la scolarité, l'éducation physique et sportive a pour finalité de **former un citoyen lucide, autonome, physiquement et socialement éduqué, dans le souci du vivre-ensemble**. Elle amène les enfants et les adolescents à rechercher le bien-être et à se soucier de leur santé. Elle assure l'inclusion, dans la classe, des élèves à besoins éducatifs particuliers ou en situation de handicap[1]. L'éducation physique et sportive initie au plaisir de la pratique sportive.

L'éducation physique et sportive répond aux enjeux de formation du socle commun en permettant à tous les élèves, filles et garçons ensemble et à égalité, *a fortiori* les plus éloignés de la pratique physique et sportive, de construire **cinq compétences travaillées** en continuité durant les différents cycles :

- développer sa motricité et apprendre à s'exprimer en utilisant son corps ;
- s'approprier, par la pratique physique et sportive, des méthodes et des outils ;
- partager des règles, assumer des rôles et des responsabilités ;
- apprendre à entretenir sa santé par une activité physique régulière ;
- s'approprier une culture physique sportive et artistique.

---

[1] Les élèves à besoins éducatifs particuliers désignent notamment les élèves en situation de handicap ou les élèves allophones nouvellement arrivés.

Pour développer ces compétences générales, l'éducation physique et sportive propose à tous les élèves, de l'école au collège, un parcours de formation constitué de **quatre champs d'apprentissage complémentaires** :
- produire une performance optimale, mesurable à une échéance donnée ;
- adapter ses déplacements à des environnements variés ;
- s'exprimer devant les autres par une prestation artistique et/ou acrobatique ;
- conduire et maîtriser un affrontement collectif ou interindividuel.

Chaque champ d'apprentissage permet aux élèves de construire des compétences intégrant différentes dimensions (motrice, méthodologique, sociale), en s'appuyant sur des activités physiques sportives et artistiques (APSA) diversifiées[1]. Chaque cycle des programmes (cycles 2, 3, 4) doit permettre aux élèves de rencontrer les quatre champs d'apprentissage. À l'école et au collège, un projet pédagogique définit un parcours de formation équilibré et progressif, adapté aux caractéristiques des élèves, aux capacités des matériels et équipements disponibles, aux ressources humaines mobilisables.

Spécificités du cycle 2

Au cours du cycle 2, les élèves s'engagent spontanément et avec plaisir dans l'activité physique. Ils développent leur motricité, ils **construisent un langage corporel**[2] et apprennent **à verbaliser les émotions** ressenties et actions réalisées. Par des pratiques physiques individuelles et collectives, ils accèdent à des valeurs **morales et sociales** (respect de règles, respect de soi-même et d'autrui). À l'issue du cycle 2, les élèves ont acquis des habiletés motrices essentielles à la suite de leur parcours en éducation physique et sportive. Une attention particulière est portée au savoir nager.

---

1 Les APSA comprennent, par exemple, la natation, le cirque, les jeux de raquettes, etc.
2 Savoir exprimer sa pensée et ses émotions avec son corps.

LES AUTRES ENSEIGNEMENTS À L'ÉCOLE ÉLÉMENTAIRE (CYCLE 2)
4. QUESTIONNER LE MONDE

Dès l'école maternelle, les élèves explorent et observent le monde qui les entoure ; au cycle 2, ils vont apprendre à le questionner de manière plus précise, par une première démarche scientifique et réfléchie. Les objectifs généraux de Questionner le monde sont donc :

- d'une part de permettre aux élèves d'acquérir des connaissances nécessaires pour **décrire et comprendre le monde qui les entoure et développer leur capacité à raisonner** ;
- d'autre part de **contribuer à leur formation de citoyens**.

Les apprentissages, repris et approfondis lors des cycles successifs[1], se poursuivront ensuite tout au long de la scolarité en faisant appel à des idées de plus en plus élaborées, abstraites et complexes. ■

---

1   Les quatre cycles couvrent l'ensemble de la scolarité obligatoire de la maternelle au collège.

CYCLE 3
(CM1, CM2, 6ᵉ)

LES AUTRES ENSEIGNEMENTS
À L'ÉCOLE ÉLÉMENTAIRE (**CYCLE 3**) |
1. LES LANGUES VIVANTES
(ÉTRANGÈRES OU RÉGIONALES)

Au cycle 3, l'enseignement de la langue vivante étrangère ou régionale vise l'acquisition de compétences et de connaissances qui permettent **l'usage plus assuré et plus efficace d'une langue** autre que la langue française. Des situations de communication[1] adaptées à l'âge, aux capacités cognitives, aux intérêts des élèves, contribuent à la construction de connaissances langagières, permettant d'atteindre le niveau A1 du cadre européen commun de référence pour les langues (CECRL) dans les cinq activités langagières. Il s'agit pour tous les élèves d'atteindre au moins le niveau A1 du CECRL dans les cinq activités langagières. Les activités proposées ne se limitent pas au niveau A1 car le niveau A2 peut être atteint par un grand nombre d'élèves dans plusieurs activités langagières. **Les niveaux A1 et A2 du CECRL** correspondent au «niveau de l'utilisateur élémentaire». En passant de A1 à A2, les élèves quittent «le niveau de découverte» pour entrer dans le «niveau intermédiaire». Il convient de garder à l'esprit l'âge des élèves du cycle 3 dans le choix des contenus culturels et linguistiques.

Des **connaissances linguistiques** et des connaissances **relatives aux modes de vie et à la culture** du ou des pays ou de la région où est parlée la langue confortent cet usage. C'est l'exposition régulière et quotidienne à la langue qui favorise les progrès des élèves ; son utilisa-

---

1   Par exemple, saluer une personne ou se présenter.

tion en contexte donne du sens aux acquisitions. Un début de réflexion sur le fonctionnement de la langue permet aux élèves d'acquérir une certaine autonomie dans la réception et dans la production et renforce la maîtrise du langage. Indissociable de l'apprentissage de la langue, l'élargissement des repères culturels favorise la prise de conscience de certaines différences, développe curiosité et envie de communiquer. Les contacts avec les écoles des pays ou des régions concernés, les ressources offertes par la messagerie électronique, l'exploitation de documents audiovisuels contribuent à découvrir des espaces de plus en plus larges et de plus en plus lointains et à développer le sens du relatif, l'esprit critique, l'altérité.

LES AUTRES ENSEIGNEMENTS À L'ÉCOLE ÉLÉMENTAIRE (CYCLE 3)
2. LES ARTS PLASTIQUES

Après la sensibilisation aux activités et à la perception des langages artistiques conduite en maternelle, le cycle 2 a fait découvrir aux élèves quelques notions fondamentales en arts plastiques, en s'appuyant sur des préoccupations qui leur sont proches. Durant le cycle 3, l'enseignement des arts plastiques s'appuie sur **l'expérience, les connaissances et les compétences travaillées au cycle 2** pour engager progressivement les élèves dans une pratique sensible plus autonome, qu'ils apprennent à analyser davantage. Le développement du potentiel d'invention et de création est poursuivi. Les apprentissages sont nourris par l'introduction de connaissances plus précises et par une attention plus soutenue à l'explicitation de la production plastique des élèves, des processus artistiques observés, de la réception des œuvres rencontrées. Il s'agit de donner aux élèves les moyens d'élaborer des intentions artistiques et de les affirmer ainsi que d'accéder à un premier niveau de compréhension des grandes questions portées par la création artistique en arts plastiques. L'enseignement conduit prépare ainsi aux notions, aux pratiques et aux connaissances du cycle 4.

Comme au cycle 2, l'enseignement des arts plastiques s'appuie sur des situations ouvertes favorisant l'initiative, l'autonomie et le recul critique. La **pratique plastique exploratoire et réflexive**, toujours centrale dans les apprentissages, est privilégiée : action, invention et réflexion sont travaillées dans un même mouvement pour permettre l'appropriation des références artistiques qui constituent une culture commune enrichie par la culture des élèves.

Tout au long du cycle 3, les élèves sont conduits à **interroger l'efficacité des outils, des matériaux, des formats et des gestes** au regard d'une intention, d'un projet. Ils comprennent que des usages conventionnels peuvent s'enrichir d'utilisations renouvelées, voire détournées. Ils sont incités à tirer parti de leurs expériences, à identifier, nommer et choisir les moyens qu'ils s'inventent ou qu'ils maîtrisent. Une attention particulière est portée à l'observation des effets produits par les diverses modalités de présentation des productions plastiques, pour engager une première approche de la compréhension de la relation de l'œuvre à un dispositif de présentation (cadre, socle, cimaise…), au lieu (mur, sol, espace fermé ou ouvert, *in situ*…) et au spectateur (frontalité, englobement, parcours…). ■

LES AUTRES ENSEIGNEMENTS À L'ÉCOLE ÉLÉMENTAIRE (CYCLE 3)
3. L'ÉDUCATION MUSICALE

Dans la continuité du cycle 2 et pour préparer le cycle 4, l'éducation musicale en cycle 3 poursuit la découverte et le développement des deux grands champs de compétences qui structurent l'ensemble du parcours de formation : la perception et la production.

Par le travail de la **perception**, celui de l'écoute de la musique, les élèves développent leurs capacités à percevoir des caractéristiques plus fines et des organisations plus complexes de la musique ; ils apprennent à identifier des relations, des ressemblances et des différences entre plusieurs œuvres ; ils acquièrent des repères structurant leur culture artistique et apprennent à s'y référer ; ils découvrent peu à peu que le goût est une notion relative et, dépassant progressivement leur seule immédiate émotion, développent leur esprit critique en exprimant des avis personnels.

Par le travail de **production** qui repose pour la plus large part sur l'expression vocale, ils développent des techniques permettant de diversifier leur vocabulaire expressif pour le mettre au service d'un projet d'interprétation ; ils mesurent les exigences d'une réalisation collective qui dépend étroitement de l'engagement de chacun ; ils enrichissent leur répertoire chanté d'expériences expressives ; ils apprennent à relier ce qu'ils chantent aux musiques qu'ils écoutent, à choisir entre reproduire et imaginer, voire créer.

Les quatre compétences déjà travaillées au cycle 2 s'enrichissent de nouvelles dimensions – **interpréter, commenter, créer, argumenter** –

marquant la progression des élèves vers des situations de perception et de production plus complexes qu'auparavant, à travers des objets musicaux et des situations de travail progressivement plus complexes.

Comme au cycle 2, chaque élève qui le souhaite doit pouvoir s'engager chaque année dans la réalisation d'un **projet choral ambitieux** et associant autant que possible d'autres formes d'expression artistique. Cette possibilité lui permet, outre de trouver plaisir à chanter dans un cadre collectif, de découvrir les exigences d'un spectacle organisé en fin d'année scolaire. Associant des élèves issus des différents niveaux du cycle, la chorale gagne à réunir écoliers et collégiens, ces derniers même au-delà du cycle 3. Elle profite pleinement, lorsque cela est possible, d'un partenariat avec des artistes professionnels, notamment pour assurer l'accompagnement instrumental de la chorale.

LES AUTRES ENSEIGNEMENTS À L'ÉCOLE ÉLÉMENTAIRE (CYCLE 3)
4. L'HISTOIRE DES ARTS

L'enseignement pluridisciplinaire et transversal de l'histoire des arts structure la culture artistique de l'élève par **l'acquisition de repères issus des œuvres et courants artistiques divers et majeurs du passé et du présent et par l'apport de méthodes pour les situer dans l'espace et dans le temps**, les interpréter et les mettre en relation. Il contribue au développement d'un regard sensible, instruit et réfléchi sur les œuvres.

Tout au long du cycle 3, l'histoire des arts contribue à créer du lien entre les autres enseignements et met en valeur leur dimension culturelle. À partir de la classe de 6e, il associe des professeurs de plusieurs disciplines.

L'histoire des arts intègre autant que possible **l'ensemble des expressions artistiques du passé et du présent, savantes et populaires, occidentales et extra-occidentales**. Son enseignement s'appuie sur le patrimoine, tant local que national et international, en exploitant notamment les ressources numériques. Constitutif du parcours d'éducation artistique et culturelle de l'élève, il associe la fréquentation des œuvres et l'appropriation de connaissances sans s'arrêter aux frontières traditionnelles des beaux-arts, de la musique, du théâtre, de la danse, de la littérature et du cinéma. Il repose sur la fréquentation d'un patrimoine aussi bien savant que populaire ou traditionnel, aussi diversifié que possible. Il s'enrichit des pratiques artistiques de tous ordres.

Les objectifs généraux de cet enseignement pour la formation des élèves peuvent être regroupés en trois grands champs :

- des objectifs d'ordre **esthétique**, relevant d'une éducation de la sensibilité et qui passent par la fréquentation des œuvres dans des lieux artistiques et patrimoniaux ;

- des objectifs d'ordre **méthodologique**, qui relèvent de la compréhension de l'œuvre d'art, de sa technique et de son langage formel et symbolique ;
- des objectifs de **connaissance** destinés à donner à l'élève les repères qui construiront son autonomie d'amateur éclairé.

Durant les deux premières années du cycle 3, le professeur des écoles exerce sa polyvalence pour trouver les cadres et les moments les plus propres à la construction de cet enseignement et de ses objectifs. En classe de 6e, l'enseignement de l'histoire des arts se fait principalement dans les enseignements des arts plastiques et de l'éducation musicale, du français, de l'histoire et de la géographie, des langues vivantes. L'éducation physique et sportive et les disciplines scientifiques et technologiques peuvent s'associer à des projets interdisciplinaires d'histoire des arts. La contribution du professeur documentaliste à ces projets est précieuse.

Dans le cadre de son parcours d'éducation artistique et culturelle, et notamment grâce aux enseignements artistiques, l'élève a été amené au cours des cycles 1 et 2 à rencontrer des œuvres d'art ; à l'issue de ces cycles, il a développé une **sensibilité aux langages artistiques**. Il comprend des notions élémentaires propres à chaque champ d'expression artistique (par exemple : que l'architecture organise un espace ; que la peinture ou le théâtre peuvent représenter le réel ; que la musique peut chercher à exprimer un sentiment) ; il sait identifier et nommer quelques éléments constitutifs d'une œuvre d'art et, sur des bases simples, la comparer à d'autres. Il observe, écoute et se conduit selon les codes appropriés dans les lieux d'art et de culture.

À la fin du cycle 3, les élèves ont acquis les **éléments de lexique et de compréhension** qui les rendent capables, devant une œuvre plastique ou musicale, face à un monument, un espace ou un objet artistique, d'en proposer une description qui distingue les éléments :

- relevant d'une présence matérielle (matériaux, dimensions, fabrication) ;
- caractéristiques d'un langage formel ;
- indicateurs d'usages ou de sens.

Ainsi le cycle 3 construit-il les compétences qui permettront aux élèves, dans le courant du cycle 4, d'établir des interprétations et des rapprochements fondateurs d'une autonomie dans leur rapport à l'art.

LES AUTRES ENSEIGNEMENTS
À L'ÉCOLE ÉLÉMENTAIRE (**CYCLE 3**) |
5. ÉDUCATION PHYSIQUE ET SPORTIVE

L'éducation physique et sportive développe l'accès à un riche champ de pratiques, à forte implication culturelle et sociale, importantes dans le développement de la vie personnelle et collective de l'individu. Tout au long de la scolarité, l'éducation physique et sportive a pour finalité de **former un citoyen lucide, autonome, physiquement et socialement éduqué, dans le souci du vivre-ensemble.** Elle amène les enfants et les adolescents à rechercher le bien-être et à se soucier de leur santé. Elle assure l'inclusion, dans la classe, des élèves à besoins éducatifs particuliers ou en situation de handicap. L'éducation physique et sportive initie au plaisir de la pratique sportive.

L'éducation physique et sportive répond aux enjeux de formation du socle commun en permettant à tous les élèves, filles et garçons ensemble et à égalité, *a fortiori* les plus éloignés de la pratique physique et sportive, de construire **cinq compétences travaillées** en continuité durant les différents cycles :

- développer sa motricité et apprendre à s'exprimer en utilisant son corps ;
- s'approprier par la pratique physique et sportive, des méthodes et des outils ;
- partager des règles, assumer des rôles et des responsabilités ;
- apprendre à entretenir sa santé par une activité physique régulière ;
- s'approprier une culture physique sportive et artistique.

Pour développer ces compétences générales, l'éducation physique et sportive propose à tous les élèves, de l'école au collège, un parcours de formation constitué de **quatre champs d'apprentissage complémentaires** :

- produire une performance optimale, mesurable à une échéance donnée ;
- adapter ses déplacements à des environnements variés ;
- s'exprimer devant les autres par une prestation artistique et/ou acrobatique ;
- conduire et maîtriser un affrontement collectif ou interindividuel.

Chaque champ d'apprentissage permet aux élèves de construire des compétences intégrant différentes dimensions (motrice, méthodologique, sociale), en s'appuyant sur des activités physiques sportives et artistiques (APSA) diversifiées. Chaque cycle des programmes (2, 3 et 4) doit permettre aux élèves de rencontrer les quatre champs d'apprentissage. À l'école et au collège, un projet pédagogique définit un parcours de formation équilibré et progressif, adapté aux caractéristiques des élèves, aux capacités des matériels et équipements disponibles, aux ressources humaines mobilisables.

Au cours du cycle 3, les élèves mobilisent leurs ressources pour **transformer leur motricité** dans des contextes diversifiés et plus contraignants. Ils identifient les effets immédiats de leurs actions, en insistant sur la nécessaire médiation du langage oral et écrit. Ils poursuivent leur initiation à des rôles divers (arbitre, observateur…) et comprennent la nécessité de la règle. Grâce à un temps de pratique conséquent, les élèves éprouvent et développent des méthodes de travail propres à la discipline (par l'action, l'imitation, l'observation, la coopération, etc.). La continuité et la consolidation des apprentissages nécessitent une coopération entre les professeurs du premier et du second degré. Dans la continuité du cycle 2, savoir nager reste une priorité.

En complément de l'éducation physique et sportive, l'association sportive du collège constitue une occasion, pour tous les élèves volontaires, de prolonger leur pratique physique dans un cadre associatif, de vivre de nouvelles expériences et de prendre en charge des responsabilités.

À l'issue du cycle 3, tous les élèves doivent avoir atteint le niveau attendu de compétence dans au moins une activité physique par champ d'apprentissage. ■

LES AUTRES ENSEIGNEMENTS
À L'ÉCOLE ÉLÉMENTAIRE (**CYCLE 3**) |
6. L'HISTOIRE ET LA GÉOGRAPHIE

Les élèves poursuivent au cycle 3 **la construction progressive et de plus en plus explicite de leur rapport au temps et à l'espace**, à partir des contributions de deux enseignements disciplinaires liés, l'histoire et la géographie, dont les finalités civiques et culturelles à la fin du cycle. Ces deux enseignements traitent de thématiques et de notions communes et partagent des outils et des méthodes. Leurs spécificités tiennent à leurs objets d'étude, le temps et l'espace, et aux modalités qu'ils mettent en œuvre pour les appréhender. Histoire et géographie sont enseignées à parts égales durant tout le cycle 3. Pour la classe de 6e, les enseignants déterminent le volume horaire qu'ils consacrent à chaque thème ou sous-thème en fonction des démarches pédagogiques qu'ils souhaitent mettre en œuvre. Les professeurs établissent des liens avec l'enseignement moral et civique et sont attentifs à la contribution effective de l'enseignement de l'histoire et de la géographie à l'atteinte des objectifs du cycle dans les différents domaines du socle commun – notamment les domaines 1 et 2. Tout au long du cycle 3, les élèves acquièrent des compétences et des connaissances qu'ils pourront mobiliser dans la suite de leur scolarité et de leur vie personnelle.

A. L'histoire

En travaillant sur des **faits historiques**, les élèves apprennent d'abord à distinguer l'histoire de la fiction et commencent à comprendre que le passé est source d'interrogations.

Le projet de formation du cycle 3 ne vise pas une connaissance linéaire et exhaustive de l'histoire. Les moments historiques retenus ont pour objectif de mettre en place des **repères historiques communs**, élaborés progressivement et enrichis tout au long des cycles 3 et 4, qui permettent de comprendre que le monde d'aujourd'hui et la société contemporaine sont les héritiers de longs processus, de ruptures, de choix effectués par les femmes et les hommes du passé.

Si les élèves sont dans un premier temps confrontés aux **traces concrètes de l'histoire** et à leur sens, en lien avec leur environnement, ils sont peu à peu initiés à **d'autres types de sources et à d'autres vestiges**, qui parlent de mondes plus lointains dans le temps et l'espace. Ils comprennent que les récits de l'histoire sont constamment nourris et modifiés par de nouvelles découvertes archéologiques et scientifiques et des lectures renouvelées du passé.

Les démarches initiées dès le CM1 sont réinvesties et enrichies : à partir de quelles sources se construit un récit de l'histoire des temps anciens ? Comment confronter traces archéologiques et sources écrites ?

Toujours dans le souci de distinguer histoire et fiction – objectif qui peut être abordé en lien avec le programme de français – et particulièrement en classe de 6e en raison de l'importance qui y est accordée à l'histoire des faits religieux, les élèves ont l'occasion de confronter, à plusieurs reprises, faits historiques et croyances. **L'étude des faits religieux** ancre systématiquement ces faits dans leurs contextes culturel et géopolitique.

Si le programme offre parfois des sujets d'étude précis, les professeurs veillent à permettre aux élèves d'élaborer des représentations globales des mondes explorés. L'étude de **cartes historiques** dans chaque séquence est un moyen de contextualiser les sujets d'étude. Tous les espaces parcourus doivent être situés dans le contexte du monde habité dans la période étudiée. Les professeurs s'attachent à montrer les dimensions synchronique ou diachronique des faits étudiés. Les élèves poursuivent ainsi la construction de leur perception de la longue durée.

B. La géographie

La notion d'habiter est centrale au cycle 3 ; elle permet aux élèves de mieux cerner et s'approprier l'objectif et les méthodes de l'enseignement de géographie. En géographie, habiter ne se réduit pas à résider, avoir son domicile quelque part. S'intéresser à l'habiter consiste à observer les façons dont les humains organisent et pratiquent leurs espaces de vie, à toutes les échelles. Ainsi, l'étude des « **modes d'habiter** » doit faire entrer simplement les élèves, à partir de cas très concrets, dans le raisonnement géographique par la découverte, l'analyse et la compréhension des relations dynamiques que les individus-habitants et les sociétés entretiennent à différentes échelles avec les territoires et les lieux qu'ils pratiquent, conçoivent, organisent, représentent.

Les élèves découvrent ainsi que **pratiquer un lieu**, pour une personne, c'est en avoir l'usage et y accomplir des actes du quotidien comme le travail, les achats, les loisirs… Il faut pour cela pouvoir y accéder, le parcourir, en connaître les fonctions, le partager avec d'autres. Les apprentissages commencent par une investigation des lieux de vie du quotidien et de proximité ; sont ensuite abordés d'autres échelles et d'autres « milieux » sociaux et culturels ; enfin, la dernière année du cycle s'ouvre à l'analyse de la diversité des « habiter » dans le monde.

La nécessité de faire comprendre aux élèves l'impératif d'un **développement durable et équitable de l'habitation humaine** de la Terre et les enjeux liés structure l'enseignement de géographie des cycles 3 et 4. Ils introduisent un nouveau rapport au futur et permettent aux élèves d'apprendre à inscrire leur réflexion dans un temps long et à imaginer des alternatives à ce que l'on pense comme un futur inéluctable. C'est notamment l'occasion d'une sensibilisation des élèves à la prospective territoriale. En effet, l'introduction d'une dimension prospective dans l'enseignement de la géographie permet aux élèves de mieux s'approprier les dynamiques des territoires et de réfléchir aux scénarios d'avenir possibles. En classe de 6e, c'est l'occasion pour le(s) professeur(s) de mener un projet de son (leur) choix, qui peut reprendre des thématiques abordées en première partie du cycle.

Pendant le cycle 3, l'acquisition de connaissances et de méthodes géographiques variées aide les élèves à dépasser une expérience personnelle de l'espace vécu pour accéder à la compréhension et à la pratique d'un espace social, structuré et partagé avec d'autres individus.

Les sujets d'étude traités à l'école élémentaire se sont appuyés sur des exemples précis qui peuvent alimenter l'étude des systèmes spatiaux abordés au cours de l'année de sixième.

Le professeur élabore un parcours qui conduit les élèves à **découvrir différents lieux dans le monde** tout en poursuivant la **découverte et la connaissance des territoires de proximité**. Il traite les thèmes au programme dans l'ordre qu'il choisit. En 6e, le thème 4 peut être scindé et étudié de manière filée tout au long de l'année.

Des études approfondies de certains lieux permettent aux élèves d'**observer des réalités géographiques** concrètes et de **s'exercer au raisonnement géographique**. La contextualisation, mettant en relation le lieu étudié avec d'autres lieux et avec le monde, donne la possibilité de continuer le travail sur les grands repères géographiques.

Les thèmes du programme invitent à poursuivre la réflexion sur les enjeux liés au **développement durable des territoires**.

LES AUTRES ENSEIGNEMENTS
À L'ÉCOLE ÉLÉMENTAIRE (**CYCLE 3**) |
7. SCIENCES ET TECHNOLOGIE

L'organisation des apprentissages au cours des différents cycles de la scolarité obligatoire est pensée de manière à introduire de façon progressive des notions et des concepts pour laisser du temps à leur assimilation. Au cours du cycle 2, l'élève a exploré, observé, expérimenté, questionné le monde qui l'entoure. Au cycle 3, les notions déjà abordées sont revisitées pour progresser vers plus de généralisation et d'abstraction, en prenant toujours soin de partir du concret et des représentations de l'élève.

La construction de savoirs et de compétences, par la mise en œuvre de **démarches scientifiques et technologiques** variées et la **découverte de l'histoire des sciences et des technologies**, introduit la **distinction entre ce qui relève de la science et de la technologie et ce qui relève d'une opinion ou d'une croyance**. La diversité des démarches et des approches (observation, manipulation, expérimentation, simulation, documentation…) développe simultanément la curiosité, la créativité, la rigueur, l'esprit critique, l'habileté manuelle et expérimentale, la mémorisation, la collaboration pour mieux vivre ensemble et le goût d'apprendre.

En sciences, les élèves découvrent de **nouveaux modes de raisonnement** en mobilisant leurs savoirs et savoir-faire pour répondre à des questions. Accompagnés par leurs professeurs, ils émettent des hypothèses et comprennent qu'ils peuvent les mettre à l'épreuve, qualitativement ou quantitativement.

Dans leur découverte du monde technique, les élèves sont initiés à la conduite d'un projet technique répondant à des besoins dans un contexte de contraintes identifiées.

Enfin, l'accent est mis sur la communication individuelle ou collective, à l'oral comme à l'écrit en recherchant la précision dans l'usage de la langue française que requiert la science. D'une façon plus spécifique, les élèves acquièrent les bases de langages scientifiques et technologiques qui leur apprennent la concision, la précision et leur permettent d'exprimer une hypothèse, de formuler une problématique, de répondre à une question ou à un besoin, et d'exploiter des informations ou des résultats. Les travaux menés donnent lieu à des réalisations ; ils font l'objet d'écrits divers retraçant l'ensemble de la démarche, de l'investigation à la fabrication.

Toutes les disciplines scientifiques et la technologie concourent à la **construction d'une première représentation globale, rationnelle et cohérente du monde dans lequel l'élève vit.** Le programme d'enseignement du cycle 3 y contribue en s'organisant autour de thématiques communes qui conjuguent des questions majeures de la science et des enjeux sociétaux contemporains.

Le découpage en quatre thèmes principaux s'organise autour de :

- (1) **Matière, mouvement, énergie, information**
- (2) **Le vivant, sa diversité et les fonctions qui le caractérisent**
- (3) **Matériaux et objets techniques**
- (4) **La planète Terre. Les êtres vivants dans leur environnement.**

Chacun de ces thèmes permet de construire des concepts ou notions qui trouvent leur application dans l'éducation au développement durable. Le concept d'énergie, progressivement construit, est présent dans chaque thème et les relie.

La construction des concepts scientifiques s'appuie sur une démarche qui exige des observations, des expériences, des mesures, etc. ; la formulation d'hypothèses et leur mise à l'épreuve par des expériences, des essais ou des observations ; la construction progressive de modèles simples, permettant d'interpréter celles-ci ; la capacité enfin d'expliquer une diversité de phénomènes et de les prévoir. La réalisation de mesures et l'utilisation de certains modèles font appel aux mathématiques et en retour leur donnent des objets de contextualisation. Les exemples utilisés sont le plus souvent issus de l'environnement des élèves, devenant ainsi sources de sens pour eux.

Par l'analyse et par la conception, les élèves peuvent décrire les interactions entre les objets techniques et leur environnement et les processus mis en œuvre. Les élèves peuvent aussi réaliser des maquettes, des prototypes, comprendre l'évolution technologique des objets et utiliser les outils numériques.

Grâce à ces activités, les capacités tant manuelles et pratiques qu'intellectuelles des élèves sont mobilisées, ainsi que l'usage de la langue française et de langages scientifiques différents : ils produisent des textes et des schémas, ils s'expriment à l'oral, notamment pour présenter leurs pistes de recherche, leurs découvertes, leurs raisonnements.∎

LES AUTRES ENSEIGNEMENTS
À L'ÉCOLE ÉLÉMENTAIRE |
L'ENSEIGNEMENT MORAL ET CIVIQUE À L'ÉCOLE ÉLÉMENTAIRE

L'enseignement moral et civique poursuit trois finalités qui sont intimement liées entre elles.

1) RESPECTER AUTRUI

La morale enseignée à l'école est une morale civique en lien étroit avec **les principes et les valeurs de la citoyenneté républicaine et démocratique.** L'adjectif «*moral*» de l'enseignement moral et civique renvoie au projet d'une appropriation par l'élève de principes garantissant le respect d'autrui. Cette morale repose sur la conscience de la dignité et de l'intégrité de la personne humaine, qu'il s'agisse de soi ou des autres, et nécessite l'existence d'un cadre définissant les droits et devoirs de chacun.

Respecter autrui, c'est respecter sa liberté, le considérer comme égal à soi en dignité, développer avec lui des relations de fraternité. C'est aussi respecter ses convictions philosophiques et religieuses, ce que permet la laïcité.

2) ACQUÉRIR ET PARTAGER LES VALEURS DE LA RÉPUBLIQUE

Le code de l'éducation affirme «qu'outre la transmission des connaissances, la Nation fixe comme mission première à l'école de faire partager aux élèves les valeurs de la République» (article L 111-1). Cette mission est réaffirmée dans le socle commun de connaissances, de compétences et de culture: «L'École a une responsabilité particulière dans la formation de l'élève en tant que personne et futur citoyen. Dans une démarche de coéducation, elle ne se substitue pas aux familles, mais elle a pour tâche de transmettre aux jeunes les valeurs fondamentales et les principes inscrits dans la Constitution de notre pays.»

Les valeurs et principes de la République fondent le pacte républicain garant de la cohésion nationale, en même temps qu'ils protègent la liberté de chaque citoyen. Les transmettre et les faire partager est une œuvre d'intégration républicaine ; ces valeurs et principes relient la France à la communauté des nations démocratiques, à l'échelle européenne comme à l'échelle mondiale.

Les quatre valeurs et principes majeurs de la République française sont **la liberté, l'égalité, la fraternité et la laïcité.** S'en déduisent la solidarité, l'égalité entre les hommes et les femmes, ainsi que le refus de toutes les formes de discriminations. L'enseignement moral et civique porte sur ces principes et valeurs, qui sont nécessaires à la vie commune dans une société démocratique et constituent un bien commun s'actualisant au fil des débats dont se nourrit la République.

3) CONSTRUIRE UNE CULTURE CIVIQUE

La conception républicaine de la citoyenneté insiste à la fois sur l'autonomie du citoyen et sur son appartenance à la communauté politique formée autour des valeurs et principes de la République. Elle signale l'importance de la loi et du droit, tout en étant ouverte à l'éthique de la discussion qui caractérise l'espace démocratique.

Elle trouve son expression dans le socle commun de connaissances, de compétences et de culture, selon lequel l'École «*permet à l'élève d'acquérir la capacité à juger par lui-même, en même temps que le sentiment d'appartenance à la société. Ce faisant, elle permet à l'élève de développer dans les situations concrètes de la vie scolaire son aptitude à vivre de manière autonome, à participer activement à l'amélioration de la vie commune et à préparer son engagement en tant que citoyen*».

La culture civique portée par l'enseignement moral et civique articule quatre domaines : la sensibilité, la règle et le droit, le jugement, l'engagement.

- **La culture de la sensibilité** permet d'identifier et d'exprimer ce que l'on ressent, comme de comprendre ce que ressentent les autres. Elle permet de se mettre à la place de l'autre.
- **La culture de la règle et du droit** unit le respect des règles de la vie commune et la compréhension du sens de ces règles. Elle conduit

progressivement à une culture juridique et suppose la connaissance de la loi.
- **La culture du jugement** est une culture du discernement. Sur le plan éthique, le jugement s'exerce à partir d'une compréhension des enjeux et des éventuels conflits de valeurs ; sur le plan intellectuel, il s'agit de développer l'esprit critique des élèves, et en particulier de leur apprendre à s'informer de manière éclairée.
- **La culture de l'engagement** favorise l'action collective, la prise de responsabilités et l'initiative. Elle développe chez l'élève le sens de la responsabilité par rapport à lui-même et par rapport aux autres et à la nation.

Cette culture civique irrigue l'ensemble des enseignements, elle est au cœur de la vie de l'école et de l'établissement, elle est portée par certaines des actions qui mettent les élèves au contact de la société.

Modalités pratiques et méthodes de l'enseignement moral et civique

L'enseignement moral et civique articule des valeurs, des savoirs (littéraires, scientifiques, historiques, juridiques, etc.) et des pratiques. Il requiert l'acquisition de connaissances et de compétences dans les quatre domaines de la culture civique et donne lieu à des traces écrites et à une évaluation.

L'enseignement moral et civique s'effectue, chaque fois que possible, à partir de l'analyse de **situations concrètes**. **La discussion réglée et le débat argumenté**[1] ont une place de premier choix pour permettre aux élèves de comprendre, d'éprouver et de mettre en perspective les valeurs qui régissent notre société démocratique. Ils comportent une prise d'informations selon les modalités choisies par le professeur, un échange d'arguments dans un cadre défini et un retour sur les acquis permettant une trace écrite ou une formalisation.

---

1   Discussion et échange d'idées entre personnes ou groupes de personnes selon des règles établies.

L'enseignement moral et civique se prête particulièrement aux travaux qui placent les élèves en situation de coopération et de mutualisation favorisant les échanges d'arguments et la confrontation des idées. L'enseignant exerce sa responsabilité pédagogique dans les choix de mise en œuvre en les adaptant à ses objectifs et à ses élèves. L'enseignement moral et civique dispose réglementairement d'un horaire dédié permettant une mise en œuvre pédagogique au service de ses finalités. ∎

Focus | Évaluation

INTRODUCTION 225
AU CP
    Exemples d'évaluation en français 226
    Exemples d'évaluation en mathématiques 233
AU CE1
    Exemples d'évaluation en français 240
    Exemples d'évaluation en mathématiques 243

INTRODUCTION

En CP, les élèves passent des évaluations nationales en français et en mathématiques. Elles ont lieu à deux reprises, en septembre et en janvier. De nouvelles évaluations sont passées en début de CE1. Ces évaluations constituent pour les professeurs des repères permettant d'identifier les points forts et les besoins des élèves. Ces évaluations ne sont pas des examens. Le professeur les présente et organise leur passation de manière rassurante pour les élèves. Le résultat des évaluations est communiqué aux parents. Voici quelques exemples d'évaluations pour l'année 2019. Ces exemples présentent les exercices réalisés en temps limité par les élèves et les consignes à disposition des professeurs.

Les passages en noir et en italique sont les consignes pour les élèves.
Les passages en bleu et entre crochets sont les actions des professeurs.
Les références à la pagination des documents originaux ne sont pas mentionnées.

EXEMPLES D'ÉVALUATION
EN **FRANÇAIS** | **CP**

EXEMPLE 1

- **Compétence** : Comprendre un texte lu par l'enseignant(e).
- **Activité** : Écouter un texte puis répondre à des questions en entourant la réponse parmi quatre propositions. Les questions et les réponses sont lues par l'enseignant(e).
- **Durée** : 3 minutes.

CONSIGNES DE PASSATION

Je vais vous lire deux fois une histoire.

Vous allez bien tout écouter.

Pour bien comprendre : faites le film de l'histoire dans votre tête.

Ensuite, je vais vous poser des questions.

Pour répondre : entourez la bonne image.

Ce matin, papa prépare Mathieu pour aller à l'école. Il lui enfile ses bottes, lui dit de bien garder son manteau et sa capuche pendant la récréation. « Tu feras attention de ne pas trop te mouiller quand tu sortiras de la classe et je te demande de ne pas sauter dans les flaques pour ne pas éclabousser tes camarades. »

[Laisser 10 secondes et relire le texte une deuxième fois.]

FOCUS | ÉVALUATION

Sur la page, vous voyez 4 images en haut et 4 images en bas. Regardez les 4 images en haut de la page.

[Montrer au tableau, projeter l'image ou masquer à l'aide d'une feuille les 4 images du bas.]

Vous êtes prêts ? Écoutez la question et entourez la bonne réponse. »

[Dire une seule fois les propositions aux élèves en leur demandant de poser le doigt sur chaque image.]

[Laisser 10 secondes.]

Questions	Propositions de réponse
Où se passe l'histoire ?	Dans une maison, dans une forêt, dans la rue, à la piscine.
Quel temps fait-il dans cette histoire ?	Il y a de la neige, du soleil, de la pluie, du vent.
Entoure ce que le papa interdit de faire à Mathieu.	Il lui interdit de jouer aux billes, de grimper sur la barrière, de sauter dans les flaques, d'éclabousser ses camarades avec son vélo.

▍EXERCICE DE L'ÉLÈVE

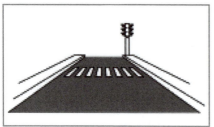
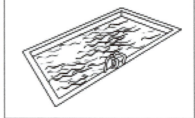

EXEMPLES D'ÉVALUATION EN FRANÇAIS ET EN MATHÉMATIQUES **CP**

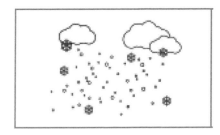

FOCUS | ÉVALUATION

EXEMPLE 2

- **Compétence** : Reconnaître des lettres.
- **Activité** : Entourer la lettre dictée par l'enseignant(e).
- **Durée** : 2 minutes 30.

CONSIGNES DE PASSATION

[Reproduire ou projeter l'exercice au tableau.]

Je vais vous dicter une lettre.

Cette lettre est écrite plusieurs fois et dans des écritures différentes.

Entourez cette lettre dès que vous la voyez.

Nous allons faire un exemple. Mettez votre doigt sur le rond noir.

Entourez toutes les lettres i.

[Laisser 20 secondes.]

Il fallait entourer la lettre i trois fois.

[Corriger au tableau.]

[Procéder de la même façon pour les lettres suivantes.]

Mettez votre doigt sur …	[Répéter la consigne.]
⭕	Entourez toutes les lettres **a**.
➡️	Entourez toutes les lettres **d**.
⇨	Entourez toutes les lettres **e**.
⬛	Entourez toutes les lettres **c**.
⬜	Entourez toutes les lettres **b**.
●	Entourez toutes les lettres **o**.
☁	Entourez toutes les lettres **m**.

EXEMPLES D'ÉVALUATION EN FRANÇAIS ET EN MATHÉMATIQUES **CP**

EXERCICE DE L'ÉLÈVE

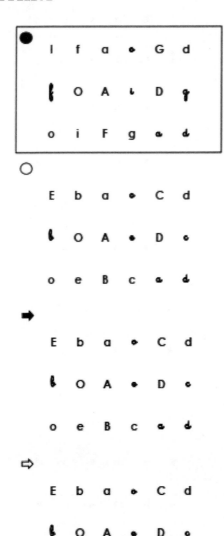

FOCUS | ÉVALUATION

■

E   b   a   •   C   d

❗ O   A   •   D   •

o   e   B   c   •   d

☐

E   b   a   •   C   d

❗ O   A   •   D   •

o   e   B   c   •   d

●

E   b   a   •   C   d

❗ O   A   •   D   •

o   e   B   c   •   d

○

R   v   m   •   S   d

•   N   M   •   D   •

n   r   V   s   •   d

EXEMPLES D'ÉVALUATION EN **MATHÉMATIQUES** | **CP**

FOCUS | ÉVALUATION

EXEMPLE 1

- **Compétence** : Lire des nombres entiers jusqu'à 10.
- **Activité** : Associer les noms des nombres à leur écriture chiffrée.
- **Durée** : 1 minute 40.

CONSIGNES DE PASSATION

Je vais vous dire un nombre. Entourez ce nombre dans la ligne.

[Écrire ou projeter l'exemple au tableau.]

Regardez la ligne qui commence par le rond noir. Entourez le nombre 1. Allez-y.

[Laisser les élèves chercher la réponse pendant 5 secondes. Répéter. Laisser 5 secondes

Corriger sur l'exemple projeté ou au tableau.]

Le nombre est ici.

[Montrer le nombre 1.]

Il fallait donc l'entourer.

[Entourer le nombre 1.]

Maintenant que vous avez compris, nous allons commencer.

[Procéder ainsi pour les nombres suivants. Laisser 5 secondes. Répéter. Laisser 5 secondes. Vérifier que les élèves progressent dans l'exercice.]

EXEMPLES D'ÉVALUATION EN FRANÇAIS ET EN MATHÉMATIQUES CP

Mettez votre doigt sur …	[Répéter la consigne.]
○	Entourez le nombre 3.
➡	Entourez le nombre 5.
⇨	Entourez le nombre 8.
■	Entourez le nombre 2.
□	Entourez le nombre 7
●	Entourez le nombre 10.
☁	Entourez le nombre 6.
♥	Entourez le nombre 4.
♡	Entourez le nombre 9.
✖	Entourez le nombre 0.

EXERCICE DE L'ÉLÈVE

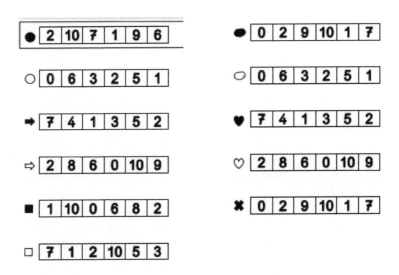

FOCUS | ÉVALUATION

EXEMPLE 2

- **Compétence** : Résoudre des problèmes relevant de structures additives (addition/soustraction).
- **Activité** : Écouter un énoncé de problème, rechercher une réponse numérique à la question du problème pour l'entourer parmi 6 propositions.
- **Durée** : 4 minutes 30.

CONSIGNES DE PASSATION

À chaque symbole, je vais vous lire un problème avec une question.

Pour répondre : entourez le bon nombre sur la ligne.

Pour vous aider : vous pouvez écrire et dessiner dans le cadre.

Si vous n'y arrivez pas, ce n'est pas grave.

Nous allons faire un exemple ensemble.

Vous êtes sur la page du rond noir.

Écoutez bien le problème. Pour répondre, entourez votre réponse en dessous du cadre.

[Lire le premier problème, celui du rond noir, deux fois. Si des élèves redemandent les données numériques plusieurs fois, leur donner et dire qu'ils peuvent les écrire dans le cadre pour s'en souvenir.

Il y a 5 chiens et 3 os.
Combien d'os faut-il ajouter pour que chaque chien ait un os ?

Au bout d'une minute et trente secondes de recherche, stopper l'activité.]

Dans ce problème, il fallait entourer 2.

[Entourer le 2, sans fournir aucune explication sur le calcul qui a permis de trouver le résultat.]

Maintenant que vous avez compris, nous allons continuer. Pour chaque problème, je vais vous dire le symbole qui correspond à la bonne page. Je vais vous laisser du temps pour entourer la réponse.

Mettez votre doigt sur le rond blanc. Ecoutez bien le problème.

[Pour chacun des problèmes suivants, lire l'énoncé deux fois. Si des élèves redemandent les données numériques plusieurs fois, leur donner et dire qu'ils peuvent les écrire dans le cadre pour s'en souvenir.]

[Laisser 1 minute et 30 secondes pour la résolution de chaque problème.]

Mettez votre doigt sur …	Écoutez bien le problème.
○	6 poules veulent couver 1 œuf chacune. Il y a seulement 3 œufs. Combien d'œufs doit-on ajouter pour que chaque poule couve un œuf ?
➡	C'est la récréation. 8 élèves veulent un vélo. La maitresse n'a sorti que 2 vélos. Combien de vélos doit-elle encore sortir pour que chaque élève ait un vélo ?
⇨	7 enfants sont dehors. Il fait très froid. Ils veulent tous un bonnet mais il n'y en a qu'un. Combien de bonnets manque-t-il ?

EXERCICE DE L'ÉLÈVE

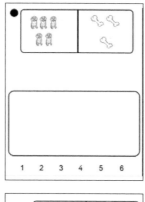

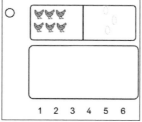

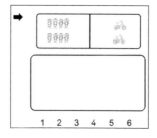

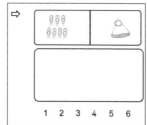

EXEMPLES D'ÉVALUATION
EN **FRANÇAIS** | **CE1**

FOCUS | ÉVALUATION

EXEMPLE 1

- **Compétence** : Comprendre un texte lu seul(e).
- **Activité** : Lire un texte puis répondre à des questions. Les questions et les réponses sont lues par l'enseignant(e).
- **Durée** : 5 minutes.

CONSIGNES DE PASSATION

Vous allez lire un texte.
Ensuite, je vais vous poser des questions.
Pour répondre, entourez une proposition.
Vous êtes prêts ? Lisez ce texte.
S'il vous reste du temps, vous pouvez relire plusieurs fois le texte.
[Laisser 3 minutes.]
Vous êtes prêts ? Sous le texte que vous venez de lire, il y a 4 questions.
Je vais vous lire la première question et les propositions de réponse.
Pour répondre : entourez la bonne réponse.
[Après avoir lu les propositions, laisser 15 secondes de réflexion à l'élève.]
Ce texte est :

| un documentaire. | une recette. | un menu. | un album. |

[Procéder de la même façon pour les autres questions.]

Questions	Propositions			
2- Ce texte permet de préparer :	une compote de pommes.	des crêpes.	une tarte aux pommes.	une tarte aux poires.
3- Que doit-on étaler ?	de la compote	des pommes	du sucre	des poires
4- Comment fait-on cuire le plat ?	dans une poêle	dans une casserole	dans un four	au barbecue

EXERCICE DE L'ÉLÈVE

> Pour préparer la tarte, déroulez la pâte au fond du moule puis ajoutez de la compote par-dessus. Etalez celle-ci avec le dos d'une cuillère. Disposez ensuite les pommes sur cette préparation. Enfournez et laissez cuire pendant 25 minutes.

1- Ce texte est :

un documentaire.	une recette.	un menu.	un album.

2- Ce texte permet de préparer :

une compote de pommes.	des crêpes.	une tarte aux pommes.	une tarte aux poires.

3- Que doit-on étaler ?

de la compote	des pommes	du sucre	des poires

4- Comment fait-on cuire le plat ?

dans une poêle	dans une casserole	dans un four	au barbecue

FOCUS | ÉVALUATION

EXEMPLE 2

■ **Compétence** : Établir les correspondances graphophonologiques : écrire des syllabes simples et complexes.

■ **Activité** : Écrire une syllabe dictée par l'enseignant(e).

■ **Durée** : 2 minutes.

▎**CONSIGNES DE PASSATION**

Je vais vous dicter des syllabes.

Écrivez une syllabe par case.

Mettez votre doigt sur la case du rond noir. C'est dans cette case que vous allez écrire la première syllabe. On commence.

[Vérifier que les élèves sont sur la bonne case.]

Écrivez vu, je répète vu.

[Laisser 10 secondes entre chaque syllabe et les répéter 2 fois.]

[Procéder de la même façon pour les syllabes suivantes.]

○	moi
➡	che
⇨	tra
■	pli
□	clou
●	pal
☁	bol
♥	miam
♡	dual
✖	plaf
✵	vroum

▎**EXERCICE DE L'ÉLÈVE**

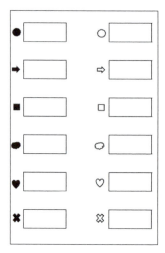

EXEMPLES D'ÉVALUATION
EN **MATHÉMATIQUES** | **CE1**

FOCUS | ÉVALUATION

EXEMPLE 1

◘ **Compétence** : Lire des nombres entiers.

◘ **Activité** : Associer les noms des nombres à leur écriture chiffrée.

◘ **Durée** : 1 minute 40.

▍ CONSIGNES DE PASSATION

Je vais vous dire un nombre.

Entourez ce nombre dans la ligne.

[Écrire ou projeter l'exemple au tableau.]

Regardez la ligne qui commence par le rond noir. Entourez le nombre 1. Allez-y.

[Laisser les élèves chercher la réponse pendant 5 secondes. Répéter. Laisser 5 secondes Corriger sur l'exemple projeté ou au tableau.]

Le nombre est ici.

[Montrer le nombre 1.]

Il fallait donc entourer le 1.

[Entourer le nombre 1.]

Maintenant que vous avez compris, nous allons commencer.

EXEMPLES D'ÉVALUATION EN FRANÇAIS ET EN MATHÉMATIQUES CE1

[Procéder ainsi pour les nombres suivants. Laisser 5 secondes. Répéter. Laisser 5 secondes. Vérifier que les élèves progressent dans l'exercice.]

Mettez votre doigt sur …	[Répéter la consigne.]
○	Entourez le nombre **29**.
➡	Entourez le nombre **67**.
⇨	Entourez le nombre **90**.
■	Entourez le nombre **64**.
□	Entourez le nombre **76**.
● (nuage plein)	Entourez le nombre **54**.
☁	Entourez le nombre **98**.
♥	Entourez le nombre **73**.
♡	Entourez le nombre **83**.
✖	Entourez le nombre **89**.

EXERCICE DE L'ÉLÈVE

●	2	10	7	1	9	6
○	92	89	29	30	20	9
➡	67	7	60	77	70	57
⇨	4	20	70	80	90	10
■	60	46	54	64	74	4
□	16	76	60	66	86	70
●	5	54	64	44	50	45
☁	29	68	78	89	88	98
♥	63	38	37	70	73	83
♡	80	38	73	13	83	93
✖	80	90	9	19	89	99

EXEMPLE 2

- **Compétence** : Résoudre des problèmes relevant de structures additives (addition/soustraction).
- **Activité** : Écouter un énoncé de problème, rechercher une réponse numérique à la question du problème pour l'entourer parmi 6 propositions.
- **Durée** : 4 minutes 30.

CONSIGNES DE PASSATION

À chaque symbole, je vais vous lire un problème avec une question.

Pour répondre : entourez le bon nombre sur la ligne.

Pour vous aider : vous pouvez écrire et dessiner dans le cadre.

Si vous n'y arrivez pas, ce n'est pas grave.

Vous êtes à la page du rond noir.

Écoutez bien le problème. Pour répondre, entourez votre réponse en dessous du cadre.

[Pour chacun des problèmes suivants, lire l'énoncé deux fois. Si des élèves redemandent les données numériques plusieurs fois, leur donner et dire qu'ils peuvent les écrire dans le cadre pour s'en souvenir.]

[Laisser 1 minute et 30 secondes pour la résolution de chaque problème.]

Mettez votre doigt sur …	Écoutez bien le problème.
●	Pierre avait 10 billes. Il en gagne 4 à la récréation. Combien de billes a-t-il maintenant ?
○	En classe, il y a 21 chaises rouges et 7 chaises bleues. Combien de chaises y a-t-il en tout ?
➡	Ma sœur a 5 ans de plus que moi. J'ai 6 ans. Quel est l'âge de ma sœur ?

EXERCICE DE L'ÉLÈVE

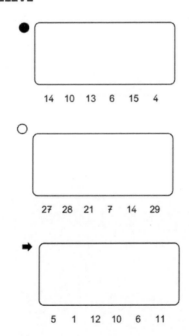

●
14 10 13 6 15 4

○
27 28 21 7 14 29

➡
5 1 12 10 6 11

Glossaire

Une partie des définitions ci-après sont extraites du guide *Pour préparer l'apprentissage de la lecture et de l'écriture à l'école maternelle* (https://cache.media.eduscol.education.fr/file/maternelle/41/4/Guide_phonologie_1172414.pdf)

- CGP : correspondance graphème-phonème.
- Champ lexical : ensemble de mots qui évoquent le même thème.
- Code : correspondance entre les lettres et les sons, entre les graphèmes et les phonèmes.
- Conscience phonologique : capacité à percevoir, à découper et à manipuler de façon intentionnelle les unités sonores d'un mot (syllabe, phonème).
- Décodage : processus par lequel l'élève passe des lettres (ou groupe de lettres) aux sons, puis aux mots.
- Discriminer de manière auditive : savoir différencier des sons.
- Écriture cursive : écriture manuscrite liant les lettres entre elles.
- Écriture script : écriture qui ne lie pas les lettres entre elles.
- Encodage : processus par lequel l'élève écrit un mot entendu ou connu oralement.
- Fluence : aisance et rapidité de la lecture à haute voix.
- Graphème : lettre ou groupe de lettres qui transcrit un phonème.

GLOSSAIRE

- **Graphophonologique** : lien entre l'écriture et la connaissance des sons.
- **Groupe de souffle** : groupe de mots lus ensemble « dans un même souffle » et formant un sens.
- **Inférence** : processus par lequel on reconnaît une proposition à partir d'autres éléments (par exemple : reconnaître le sens d'un mot inconnu à partir d'informations d'un texte).
- **Phonème** : plus petite unité sonore du langage oral représentée par une lettre ou par un groupe de lettres. Exemple : la lettre f correspond au phonème /f/, qui se prononce « ffff ». Il existe 36 phonèmes qui permettent de prononcer les mots de la langue française.
- **Syllabe** : unité de la langue qui se prononce en une seule émission de voix. Exemple : « cadeau » = « ca » et « deau ».

Table

PRÉFACE 3

SOMMAIRE 5

PREMIÈRE PARTIE | GUIDE PRATIQUE

1. LES TEMPS DE L'ÉCOLE ÉLÉMENTAIRE 9
2. LES LIEUX DE L'ÉCOLE ÉLÉMENTAIRE 13
3. LES ACTEURS DE L'ÉCOLE ÉLÉMENTAIRE 14
4. LE RÔLE DES PARENTS À L'ÉCOLE ÉLÉMENTAIRE 16
5. LA SCOLARISATION DES ÉLÈVES EN SITUATION DE HANDICAP À L'ÉCOLE ÉLÉMENTAIRE 18
6. LA SANTÉ ET LA SÉCURITÉ DES ÉLÈVES À L'ÉCOLE ÉLÉMENTAIRE 20
7. LES AIDES À L'ÉCOLE ÉLÉMENTAIRE 22
8. L'ÉVALUATION À L'ÉCOLE ÉLÉMENTAIRE 24
9. L'ENTRÉE EN 6e 25

TABLE

DEUXIÈME PARTIE |
LES PROGRAMMES ET LES ATTENDUS DE FIN D'ANNÉE EN FRANÇAIS ET EN MATHÉMATIQUES À L'ÉCOLE ÉLÉMENTAIRE

PRÉSENTATION GÉNÉRALE 29

1. LE FRANÇAIS

Présentation générale du français à l'école élémentaire 31

CP, CE1, CE2 (CYCLE 2) 32
    Attendus de fin d'année de **CP** en français 34
    Attendus de fin d'année de **CE1** en français 47
    Attendus de fin d'année de **CE2** en français 60

CM1, CM2, 6ᵉ (CYCLE 3) 73
    Attendus de fin d'année de **CM1** en français 75
    Attendus de fin d'année de **CM2** en français 87

2. LES MATHÉMATIQUES

Présentation générale des mathématiques à l'école élémentaire 101

CP, CE1, CE2 (CYCLE 2) 102
    Attendus de fin d'année de **CP** en mathématiques 104
    Attendus de fin d'année de **CE1** en mathématiques 116
    Attendus de fin d'année de **CE2** en mathématiques 129

CM1, CM2, 6ᵉ (CYCLE 3) 143
    Attendus de fin d'année de **CM1** en mathématiques 146
    Attendus de fin d'année de **CM2** en mathématiques 165

TROISIÈME PARTIE |
LES AUTRES ENSEIGNEMENTS À L'ÉCOLE ÉLÉMENTAIRE

PRÉSENTATION GÉNÉRALE 187

CYCLE 2 (CP, CE1, CE2) 189
    1. Les langues vivantes (étrangères ou régionales) 190
    2. Les enseignements artistiques 192

3. L'éducation physique et sportive ... 195
  4. Questionner le monde ... 197

CYCLE 3 (CM1, CM2, 6ᵉ) ... 199
  1. Les langues vivantes (étrangères ou régionales) ... 200
  2. Les arts plastiques ... 202
  3. L'éducation musicale ... 204
  4. L'histoire des arts ... 206
  5. L'éducation physique et sportive ... 208
  6. L'histoire et la géographie ... 210
  7. Science et technologie ... 214

L'ENSEIGNEMENT MORAL ET CIVIQUE À L'ÉCOLE ÉLÉMENTAIRE ... 217

FOCUS | ÉVALUATION

INTRODUCTION ... 225

AU CP
  Exemples d'évaluation en français ... 226
  Exemples d'évaluation en mathématiques ... 233

AU CE1
  Exemples d'évaluation en français ... 240
  Exemples d'évaluation en mathématiques ... 243

GLOSSAIRE ... 249

Mise en page : Edita, Tours

Achevé d'imprimer par Normandie Roto Impression s.a.s.
61250 Lonrai
N° d'édition : 4213/01 - N° d'impression : 2001478
Dépôt légal : août 2020

Imprimé en France